Die Unvereinbarkeit nicht-rückholbarer Endlagerung radioaktiver Abfälle mit dem Grundgesetz

Christa Garms-Babke

Die Unvereinbarkeit *nicht-rückholbarer Endlagerung radioaktiver Abfälle* mit dem Grundgesetz

Am Beispiel von Schacht Konrad

PETER LANG
Frankfurt am Main · Berlin · Bern · Bruxelles · New York · Oxford · Wien

Die Deutsche Bibliothek - CIP-Einheitsaufnahme

Garms-Babke, Christa :

Die Unvereinbarkeit nicht-rückholbarer Endlagerung radioaktiver Abfälle mit dem Grundgesetz : am Beispiel von Schacht Konrad / Christa Garms-Babke. - Frankfurt am Main ; Berlin ; Bern ; Bruxelles ; New York ; Oxford ; Wien : Lang, 2002
Zugl.: Hannover, Univ., Diss., 2001
ISBN 3-631-38726-1

Umschlagabbildung:
Schacht Konrad
Mit freundlicher Genehmigung des
Bundesamtes für Strahlenschutz.

D 89
ISBN 3-631-38726-1

www.peterlang.de

„Zukunftsprognosen projizieren gegenwärtige Prozesse und Verfahrensweisen; sie sagen voraus, was aller Wahrscheinlichkeit nach eintreten wird, wenn Menschen nicht handelnd eingreifen und wenn nichts Unerwartetes geschieht. Jede Handlung und jeder Zwischenfall zerstört mit einem Schlag alle Voraussetzungen, in deren Rahmen die Prognose erfolgt und ihre Indizien zusammenstellt. [...] Als Projektionen tatsächlich beobachtbarer gegenwärtiger Prozesse haben sie immer eine gewisse Wahrscheinlichkeit für sich; gefährlich werden sie erst, wenn sie als in sich schlüssige Theorien auftreten, mit deren Hilfe man angeblich wissen kann, was wirklich war, ist und sein wird."

Hanna Arendt (1970)

Vorwort

In dieser Arbeit geht es um die politisch brisante Frage, ob die Entscheidung über die Ausgestaltung der Endlagerung von Atommüll auf der Grundlage des Atomgesetzes durch die Verwaltung erfolgen kann oder wegen der Nichtrevidierbarkeit eines besonderen Aktes des Bundestags bedarf. Unabhängig von dem Streit über die Nutzung atomarer Energien ist es ein Problem, ob angefallene radioaktive Abfälle rückholbar gelagert werden oder nicht. Nichtrückholbarkeit heißt, dass radioaktive Abfälle für die Dauer ihres Gefährdungszeitraums (d.h. eine Million Jahre) von der Biosphäre isoliert werden müssen. Ein solches Entsorgungskonzept entsprach in den 70er Jahren dem damaligen Stand der internationalen wissenschaftlichen Forschung. In der Bundesrepublik hat man sich damals für eine nichtrückholbare Endlagerung entschieden.

Auf das Atomgesetz von 1976 stützen sich der „Beschluß der Regierungschefs von Bund und Ländern zur Entsorgung der Kernkraftwerke" von 1979 und die vom Bundesminister des Innern erlassenen „Grundsätze zur Entsorgungsvorsorge für Kernkraftwerke" vom 19.3.1980. Im Jahre 1983 wurden von der Reaktorsicherheitskommission „Sicherheitskriterien über eine wartungsfreie, zeitlich unbefristete und sichere Endlagerung" aufgestellt. Auf dieser Grundlage entstanden in der Bundesrepublik Konzepte und Arbeiten für eine nichtrückholbare Endlagerung in Gorleben und für den Schacht Konrad.

Die Arbeit von Christa Garms-Babke legt dar, dass es in der Europäischen Union – auch in den USA – die Tendenz gibt, das Konzept der Nichtrückholbarkeit aufzugeben. In der Bundesrepublik wehrt man sich bisher gegen diesen Weg. Dabei wird nicht beachtet, dass seit dem 15.11.1994 der Grundgesetzartikel 20 a zu berücksichtigen ist: „Der Staat schützt auch in Verantwortung für die künftigen Generationen die natürlichen Lebensgrundlagen ...". Auf diese Verfassungsbestimmung und auf die Rechtsprechung des Bundesverfassungsgerichts, dass der Gesetzgeber verpflichtet ist, „in grundrechtsrelevanten Bereichen die wesentlichen Entscheidungen selbst zu treffen und nicht der Verwaltung zu überlassen", stützt Christa Garms-Babke ihre Argumentation. Sie geht davon aus, dass zwischen der Entscheidung über die Nutzung von Atomenergie (einschließlich der Sicherheitskriterien der Atomkraftwerke, die im Atomgesetz vom Parlament getroffen worden ist) und der ebenso wichtigen Entscheidung über die Ausgestaltung der Endlagerung *zu unterscheiden* ist.

Dieser Unterschied ist bisher nicht in seiner Bedeutung beachtet worden:

- Eine nichtrückholbare Endlagerung hat hinsichtlich der möglichen Folgen (auch für künftige Generationen) unter Umständen eine noch größere Bedeutung als der Betrieb eines Atomkraftwerkes, das jederzeit stillgelegt werden kann.
- Eine nichtrückholbare Endlagerung entspricht nicht mehr dem derzeitigen Stand wissenschaftlicher Forschung. Sie schaffe unumkehrbare Eingriffe in Naturzusammenhänge und könne existentiell bedeutsame Auswirkungen auf künftige Generationen haben. Nur eine rückholbare Lagerung sei revidierbar und versperre zukünftigen Generationen nicht den Weg (vielleicht auf Grund neuer Forschungsergebnisse) Unheil abzuwenden.
- Wegen der Bedeutung für zukünftige Generationen bedarf die Entscheidung über die Ausgestaltung der Endlagerung aufgrund des vom Bundesverfassungsgericht aufgestellten Grundsatzes der „Wesentlichkeit" eines besonderen Bundestagsbeschlusses, darf nicht vom Gesetzgeber immanent entschieden werden.

Damit erlangt die Ausgestaltung der Endlagerung von Atommüll verfassungsrechtliche Relevanz. Der Deutsche Bundestag muss darüber entscheiden, ob die Lagerung des Atommülls rückholbar oder nichtrückholbar erfolgt. Das zwingt Politiker, wenn unnötige Prozesse vermieden werden sollen, unverzüglich zum Handeln.

Christa Garms-Babke macht – das ist der zweite Aspekt der Arbeit – zugleich geltend, dass die Entscheidung über die Form der Endlagerung ethisch im Blick auf die Generationenverantwortung (Art. 20 a Grundgesetz) erfolgen muss. Der Begriff der Verantwortung, wie er von der Technikethik insbesondere von Hans Jonas und Robert Spaemann entwickelt worden ist, sei damit auch verfassungsrechtlich relevant. Ob daraus folgt, dass jede Entscheidung über eine nichtrückholbare Endlagerung radioaktiver Abfälle aufgrund Art. 20 a Grundgesetz verfassungswidrig ist, lasse ich hier offen. Eine Verfassungsnorm ist eines, die politische Entscheidung über die Form der „Entsorgung" radioaktiver Abfälle ist etwas anderes. Doch die Mehrheit des Bundestages muss bei der Entscheidung über eine nichtrückholbare Endlagerung damit rechnen, dass die Entscheidung verfassungsgerichtlich überprüft wird.

Jürgen Seifert

Inhalt

Abkürzungsverzeichnis

aaO.	am angegebenen Ort
Abs.	Absatz
AkEnd	Arbeitskreis Auswahlverfahren Endlagerstandorte
Anm.	Anmerkung
Art.	Artikel
AtG	Atomgesetz
BfS	Bundesamt für Strahlenschutz
BfSG	Gesetz über die Errichtung eines Bundesamtes für Strahlenschutz
BMU	Bundesminister für Umwelt, Naturschutz und Reaktorsicherheit
BVerfGE	Bundesverfassungsgerichtsentscheidung
BVerwGE	Bundesverwaltungsgerichtsentscheidung
ca.	circa
Dass./Ders./ Dies.	Dasselbe, derselbe, dieselbe (Verfasser/in)
DBE	Deutsche Gesellschaft zum Bau und Betrieb von Endlagern für Abfallstoffe mbH
d.h.	das heißt
ebd.	ebenda
EÖT	Erörterungstermin
etc.	et cetera (und so weiter)
f.	folgende (Seite)
ff.	fortfolgende (Seiten)
ggf.	gegebenenfalls
GG	Grundgesetz
GRS	Gesellschaft für Anlagen- und Reaktorsicherheit mbH
Hrsg./Hg.	Herausgeber
IAEO (IAEA)	Internationale Atomenergie Organisation
insbes.	insbesondere
i.S.	im Sinne
Mio.	Million

NMU	Niedersächsisches Umweltministerium
Nr.	Nummer
PTB	Physikalisch-Technische Bundesanstalt
Rd.Nr.	Rand-Nummer
RSK	Reaktorsicherheits-Kommission
S.	Seite
s.	siehe
sog.	sogenannt(e)
SSK	Strahlenschutz-Kommission
u.a.	unter anderem
v.a.	vor allem
z.B.	zum Beispiel
Ziff.	Ziffer

Fragestellung

Die Endlagerung radioaktiver Abfälle kann sowohl nicht-rückholbar in tiefen geologischen Formationen als auch mit der Option der Rückholbarkeit durchgeführt werden. Mitte 1970 hatte sich die nicht-rückholbare Endlagerung international durchgesetzt. Sie setzt voraus, dass die radioaktiven Abfälle für die Dauer ihres Gefährdungszeitraums, d.h. über mehrere Hunderttausend Jahre – bei einigen Radionukliden wesentlich länger - von der Biosphäre isoliert werden können.

Der Konsens über die Nicht-Rückholbarkeit radioaktiver Abfälle kann seit den 90er Jahren nicht mehr vorausgesetzt werden. Es hat sich herausgestellt, dass eine dauerhafte Isolierung der Abfälle von der Biosphäre nicht gewährleistet werden kann.

Aus dem Problem der Langzeitsicherheit sind in Amerika und einigen Ländern Europas Lehren gezogen worden. Tendenziell ist eine Erprobung und Umsetzung von Konzepten der Rückholbarkeit erkennbar. Auf europäischer Ebene wurde im Auftrag der Europäischen Kommission unter deutscher Beteiligung eine Methodologie der Rückholbarkeit in tiefen geologischen Formationen entwickelt und im Jahr 2000 veröffentlicht.

In der Bundesrepublik Deutschland ist die Diskussion um die Atommüll-Endlagerung widersprüchlich.

Einerseits wird am Konzept der Nicht-Rückholbarkeit festgehalten. Das macht die bevorstehende Genehmigung des Endlager-Projektes Schacht Konrad deutlich, die zwischen der Bundesregierung und den Energieversorgungsunternehmen im Rahmen des 2001 besiegelten Atomkonsenses vereinbart worden ist.

Andererseits ist vom Bundesumweltministerium mit der Konstituierung des Arbeitskreises Auswahlverfahren Endlagerstandorte (AkEnd) im Februar 1999 die öffentliche Diskussion über die Zukunft der Atommüll-Endlagerung in der Bundesrepublik eingeleitet worden. Im Rahmen dieser Diskussion sollen Kriterien für die Endlagerung radioaktiver Abfälle auf der Grundlage internationaler Standards neu definiert und es soll u.a. die grundsätzliche Frage erörtert werden, ob nicht-rückholbar oder rückholbar endgelagert wird.

Losgelöst von dieser Paradoxie stellt sich angesichts der zutage getretenen Langzeitsicherheitsprobleme nicht-rückholbarer Endlagerung, der Tendenz zur Rückholbarkeit radioaktiver Abfälle und der Einwände, die auch in der Bundesrepublik insbesondere im Rahmen des Planfeststellungsverfahrens Schacht Konrad gegen das Konzept der Nicht-Rückholbarkeit erhoben worden sind, zum einen die Frage, wie diese Form der Endlagerung in der Bundesrepublik legitimiert wird. Zum anderen die Frage, ob eine Beibehaltung des Konzepts der Nicht-Rückholbarkeit noch gerechtfertigt erscheint.

Den Fragen soll – unter Einbeziehung der Möglichkeit rückholbarer Endlagerung – im Rahmen der vorliegenden Untersuchung aus politikwissenschaftlicher und rechtlicher Perspektive nachgegangen werden.

Der Prüfung wird im ersten Abschnitt eine Darstellung beider Endlagerkonzeptionen in ihren naturwissenschaftlich-technischen Voraussetzungen vorangestellt. Die mit beiden Formen der Endlagerung verbundenen Folgen und Probleme werden diskutiert. Dieses Verfahren hat den Vorteil, im Verlauf der Untersuchung Wiederholungen auf ein Mindestmaß zu begrenzen. Das Konzept der Rückholbarkeit wird auf der Grundlage der europäischen Untersuchung zur Rückholbarkeit und das der nicht-rückholbaren Endlagerung am Beispiel des Konrad-Projektes dargestellt.

Es wird sich zeigen, dass beide Konzeptionen in ihren Folgen problematisch sind, die Folgen und die damit verbundenen Ungewissheiten nicht-rückholbarer Endlagerung aber – insbesondere für künftige Generationen – weiter reichend sind und schwerer wiegen.

Die nicht-rückholbare Endlagerung – das ist Gegenstand des zweiten Abschnitts – wird nach herrschender Auffassung mit der Grundsatzentscheidung für die Atommüll-Endlagerung sowie der Entscheidung der zuständigen Landesbehörde über ein Endlager-Projekt im atomrechtlichen Planfeststellungsverfahren demokratisch und rechtlich legitimiert.

Angesichts der vom Bundesverfassungsgericht entwickelten Wesentlichkeitstheorie, nach der grundlegende und wesentliche Entscheidungen vom Parlament zu treffen sind, stellt sich die Frage, ob die Entscheidung für das Konzept der Nicht-Rückholbarkeit radioaktiver Abfälle zu dem das Atomgesetz schweigt, tatsächlich der Grundsatzentscheidung für die

Atommüll-Endlagerung immanent ist und im Rahmen des Planfeststellungsverfahrens der Genehmigungsbehörde übertragen werden kann.

Dieser Frage wird im dritten Abschnitt der Untersuchung nachgegangen. Es wird - das kann vorweg genommen werden – nachgewiesen, dass die Entscheidung über die konzeptionelle Ausgestaltung der Endlagerung eine grundlegende und wesentliche Entscheidung ist, die sowohl vor dem Hintergrund der Wesentlichkeitstheorie als auch im Rahmen der 1994 in Kraft getretenen Umwelt-Staatszielbestimmung (Art. 20 a GG) vom Gesetzgeber zu treffen und hinreichend bestimmt gesetzlich festzulegen ist. Es fehlt dem Konzept der Nicht-Rückholbarkeit und damit sowohl dem Konrad-Projekt als auch dem weisungsgebundenen Genehmigungsentwurf für das atomare Endlager, der Basis für die zwischen Bundesregierung und Energieversorgungsunternehmen im Rahmen des Atomkonsenses vereinbarte Genehmigung Schacht Konrads ist, die Rechtsgrundlage. Die Entscheidung über die konzeptionelle Ausgestaltung der Atommüll-Endlagerung wäre vom Bundestag nachzuholen.

Im vierten Abschnitt der Untersuchung wird angesichts der im Konrad-Verfahren erhobenen Einwände gegen das Konzept der Nicht-Rückholbarkeit die Frage aufgenommen, ob eine nachträgliche Entscheidung für diese Form der Endlagerung und damit eine Beibehaltung des Konzepts der Nicht-Rückholbarkeit atomrechtlich im Rahmen des § 7 Abs. 2 Nr. 3 AtG (Stand von Wissenschaft und Technik) und von Art. 20 a GG her gerechtfertigt werden kann.

Im Mittelpunkt der Prüfung steht anhand der Planunterlagen Schacht Konrad der Langzeitsicherheitsnachweis, dessen Belastbarkeit Anwendungsvoraussetzung für das Konzept der Nicht-Rückholbarkeit ist. Es wird aufgezeigt, dass der Langzeitsicherheitsnachweis mit den angewendeten Verfahren und Methoden und im Hinblick auf die epistemologische Belastbarkeit der Fernprognosen nicht entsprechend dem vorgeschriebenen Stand von Wissenschaft und Technik geführt werden kann.

Untrennbar verbunden mit der Entscheidung über die konzeptionelle Ausgestaltung der Endlagerung ist angesichts der langen Gefährdungszeiträume und des Katastrophenpotenzials der Abfälle der Aspekt der Generationenverantwortung. Und es stellt sich aufgrund des nicht belastbaren Langzeitsicherheitsnachweises die Frage, ob eine nicht-rückholbare Endlagerung mit Art. 20 a GG, in dem die ökologische Generationenverantwortung Rechtsrelevanz erhalten hat, vereinbart werden kann.

Die Prüfung dieser Frage setzt eine Klärung des unbestimmten Rechtsbegriffs der Verantwortung in Art. 20 a GG voraus. Zu diesem Zweck wird die darzustellende Verfassungsinterpretation – eine Entscheidung des Bundesverfassungsgerichtes zu Art. 20 a GG liegt noch nicht vor – rückgebunden an die Technikethik-Diskussion. Denn die Aufnahme von Art. 20 a GG in die Verfassung war Ergebnis eines langjährigen politischen Diskurses, der – vor dem Hintergrund der Herausforderungen neuer Technologien und ihrer Folgen – von einer ethischen Diskussion insbesondere im Bereich der Praktischen Philosophie begleitet war.

Der Rekurs auf die Ethik-Diskussion dient dem Zweck, größere Klarheit hinsichtlich der semantischen Bedeutung des Verantwortungsbegriffs in Art. 20 a GG zu bekommen. Die Unbestimmtheit des Begriffs hat in der philosophischen Analyse einer größeren Bestimmtheit Platz gemacht. Der Charakter des Begriffs, seine Dimensionen (Verantwortungssubjekt, -bereich, -instanz, -objekt, -kriterien) sollen für eine Profilierung der Interpretation des Verfassungsartikels fruchtbar gemacht werden. Insbesondere von den Verantwortungskriterien her soll deutlich gemacht werden, dass die Konzeption der Nicht-Rückholbarkeit mit Art. 20 a GG nicht kompatibel ist. Die Rückbesinnung auf die ethische Diskussion soll also in erster Linie Hinweise auf die normative Verfassungsinterpretation geben und wird dadurch – allerdings nur mittelbar – wirksam für die Beantwortung der Frage nach einer verfassungskonformen Endlagerkonzeption.

Die Untersuchung umfasst im wesentlichen den Zeitraum des Planfeststellungsverfahrens Schacht Konrad vom Zeitpunkt des Antrags auf Planfeststellung 1982 bis Ende April 2001, dem Abschluss der vorliegenden Untersuchung.

1 Grundformen der Atommüll-Endlagerung

1.1 Die konzeptionelle Ausgestaltung der Atommüll-Endlagerung in der internationalen Diskussion

Die Endlagerung radioaktiver Abfälle kann mit dem Ziel der Nicht-Rückholbarkeit der Abfälle oder mit der Option der Rückholbarkeit durchgeführt werden. Über den „richtigen" Umgang mit den radioaktiven Abfällen wurde bis etwa Mitte 1970 auf der Ebene internationaler Organisationen wie der Atomenergie Organisation (IAEO)[1] kontrovers diskutiert.

1.1.1 Vorrang der nicht-rückholbaren Endlagerung

So vertrat Russland 1959 im Rahmen einer IAEO-Konferenz in Monaco die – nicht mehrheitsfähige - Position, dass eine „endgültige Beseitigung" der radioaktiven Abfälle (im heutigen Sprachgebrauch nicht-rückholbare Endlagerung) angesichts des Standes der Wissenschaft nicht zu verantworten ist.[2]

1971 begründete die englische Landesdelegation im Rahmen der 4. Atoms for Peace-Konferenz in Genf mit Hinweis auf die Sicherheitsprobleme ihre ablehnende Haltung zu einer Nicht-Rückholbarkeit radioaktiver Abfälle. Auch zu diesem Zeitpunkt fand sich für diese Auffassung keine Mehrheit. Es wurde demgegenüber der Standpunkt vertreten, dass die gegenwärtige Generation „die Verpflichtung habe, die von ihr produzierten Abfälle auch sicher zu beseitigen, und dass man mit der Endlage-

1 Die Bezeichnung Internationale Atomenergie Organisation ist die amtliche deutsche Übersetzung für die Internationale Atomic Energy Agency (IAEA), die als Sonderorganisation der Vereinten Nationen die wissenschaftlich-technische Zusammenarbeit auf nuklearem Gebiet zwischen den Regierungen der Mitgliedsstaaten koordiniert.

2 Niedersächsisches Umweltministerium (NMU), Hrsg., Endlager-Hearing Braunschweig vom 21. – 23. September 1993, Tagungsband II, Hannover 1994, S.390

rung in Salzformationen über eine säkular sichere Endlagerungsmethode verfüge."[3]

Seit Mitte 1970 hatte sich die nicht-rückholbare Endlagerung in tiefen geologischen Formationen derart durchgesetzt, „dass es nur noch darum geht, ob Salz, Anhydrit, Granit ... oder ein anderes natürliches Einschlussmaterial am besten geeignet sei, die einzulagernde Radioaktivität lange genug von der Biosphäre fernzuhalten."[4]

Anfang 1990 war Großbritannien den Umfragen der IAEO zufolge noch das einzige Land, das die Entwicklung eines nicht-rückholbaren Endlagers zugunsten einer Langzeitlagerung zurückgestellt hat.[5] Der Trend hat sich geändert.

1.1.2 Tendenz zur rückholbaren Endlagerung

Seit Anfang der 90er Jahre werden die Sicherheitsprobleme nicht-rückholbarer Endlagerung zunehmend diskutiert. So wies das World-Watch-Institut im Jahr 1991 darauf hin, dass das Vergraben in geologischen Schichten nicht gewährleisten kann, dass die radioaktiven Abfälle von der Biosphäre isoliert bleiben. Entsprechende Pläne haben sich – von der tektonischen Vernichtung oder dem chemischen Zerbersten von Abfallbehältern bis hin zur Korrosion und zur Radionuklidausbreitung über das Grundwasser – als anfällig, alte Tiefenendlagerplätze als leck erwiesen. Vor einem übereilten Vergraben der Abfälle ohne Einsicht in die komplexen ökologischen und sozialen Auswirkungen wurde als einem nicht rückgängig zu machenden Fehler gewarnt.[6]

Vor dem Hintergrund dieser Probleme ist in den USA aus sicherheitstechnischen Gründen eine Rückholbarkeit der Abfälle für ca. 50 Jahre vorgesehen; in Frankreich wird sie untersucht. Die holländische Regierung ist vom Konzept der Nicht-Rückholbarkeit nach einer breiten gesell-

3 ebd. (Zitat aus dem Tagungsband II zum Endlager-Hearing)

4 ebd.

5 Kalinowski, Martin/Borcherding, Katrin/Bender, Wolfgang, Die Langfristlagerung hochradioaktiver Abfälle als Aufgabe ethischer Urteilsbildung (I), in: ETHICA, 7 (1999) 1, S. 7 – 28, S. 10

6 Lenssen, Nicholas, Nuclear Waste: The Problem That Won't Go Away, Washington December 1991, S. 7/8

schaftlichen Diskussion abgegangen. Seit 1993 müssen radioaktive Abfälle auch auf lange Sicht rückholbar sein. In Schweden ist geplant, radioaktive Abfälle versuchsweise in einem Demonstrations-Endlager im ersten Schritt rückholbar zu lagern.[7]

Im 4. Forschungsrahmenprogramm der Europäischen Union für den Zeitraum 1995 bis 1998 waren erstmals Mittel für die Erforschung der Rückholbarkeit in Endlagern eingestellt worden. Untersuchungsergebnisse, die im Folgenden erläutert werden, wurden im Juni 2000 veröffentlicht.[8]

1.2 Untersuchung zur Rückholbarkeit radioaktiver Abfälle im Rahmen der Europäischen Union

Unter dem Begriff der „Rückholbarkeit" radioaktiver Abfälle werden in der politischen und wissenschaftlichen Diskussion unterschiedliche Positionen von Rückholbarkeit diskutiert. Die Endlagerung mit der Option der Rückholbarkeit ist grundsätzlich von einer Zwischenlagerung zu unterscheiden, bei der die Abfälle rückholbar, d.h., zugänglich verbracht werden. Bezogen auf die rückholbare Endlagerung wird sowohl die Auffassung vertreten, die Abfälle dezentral, oberflächennah und dauerhaft zugänglich unter weitgehenden Kontroll- und Überwachungsmaßnahmen

---

7 Kalinowski, Martin, u.a.., aaO., S. 10 f.. Zur Entsorgungssituation in anderen Ländern siehe auch Gruppe Ökologie, Analyse der Entsorgungssituation in der Bundesrepublik Deutschland und Ableitung von Handlungsoptionen unter der Prämisse des Ausstiegs aus der Atomenergie, erstellt im Auftrag der Heinrich Böll Stiftung in Berlin, Hannover 1998, Hauptteil, S. 193 – 224.
Die Gruppe Ökologie (Institut für ökologische Forschung und Bildung e.V.) in Hannover, ist ein 1980 gegründeter, aus dem Öko-Institut Freiburg hervorgegangener Verein, dessen Grundfinanzierung über Mitgliedsbeiträge und Spenden gesichert wird. In ihrem Selbstverständnis kritische, von Behörden, Parteien und der Industrie unabhängige WissenschaftlerInnen unterstützen mit den Ergebnissen ökologisch orientierter Wissenschaft die Arbeit von Organisationen und Kommunen, sowie - zum Teil auch unentgeltlich – von Bürgerinitiativen und BürgerInnen. Gruppe Ökologie, Hannover, Rundbrief Nr. 41, Dezember 2000.

8 European Commission, nuclear science and technology, Concerted action on the retrievability of long-lived radioactive waste in deep underground repositories, Final report, EUR 19145 EN, Luxembourg 2000

zu verwahren, als auch die Meinung, sie zentral und in tiefen geologischen Formationen unterzubringen. Dabei soll die Möglichkeit der Rückholbarkeit für lange Zeiträume gewährleistet bleiben.[9]

Vor diesem Hintergrund zielt die im Auftrag der Europäischen Kommission durchgeführte Untersuchung auf eine eindeutige Interpretation und Arbeitsdefinition von „Rückholbarkeit" im tiefen Untergrund. In die Untersuchung sind – wie im Folgenden deutlich wird - die Forderungen nach einem Endlager im tiefen Untergrund, einem zeitlich spät liegenden Verschluss der Lagerstätte und Forderungen nach weitgehenden Kontroll- und Überwachungsmaßnahmen eingegangen.

1.2.1 Die Methodologie der Rückholbarkeit und Zeitzonenplan

An der Untersuchung zur Rückholbarkeit radioaktiver Abfälle waren Fachleute aus zehn europäischen Mitgliedsstaaten, u.a. aus der Bundesrepublik Deutschland, beteiligt. Von den Teilnehmern wurde vor dem Hintergrund ihrer nationalen Situation eine gemeinsame Methodologie entwickelt, nach der Rückholbarkeit im tiefen Untergrund definiert ist als

„the ability provided by the repository system, to retrieve waste packages for whatever reason retrieval might be wanted."[10]

Damit ist die durch das Endlager vorgehaltene Fähigkeit gemeint, Abfallgebinde zurückzuholen, unabhängig von den Gründen, aus denen die Rückholung gewollt sein mag. Nach diesem Verständnis wird die Rückholbarkeit radioaktiver Abfälle durch drei Grundvoraussetzungen kontrolliert:

- Möglichkeit des Zugangs zu den Abfallgebinden;
- Begrenzung des Abfalls auf die Abfallgebinde;
- Technische Durchführbarkeit der Rückholung der Abfallgebinde.[11]

Die Rückholbarkeit radioaktiver Abfälle muss der Planung und Errichtung eines Endlagers zugrunde gelegt werden. Von der Planung über

9 NMU (Hrsg.), Endlager-Hearing Braunschweig, aaO., S. 389 f.. Kalinowski, Martin, u.a., aaO., S. 11, 17 ff.

10 European Commission, nuclear science and technology, aaO., S. VII

11 ebd.

die Einlagerungsphasen bis in die Nachbetriebsphase hinein wird der Endlagerungsprozess in dreizehn Zeitzonen aufgeteilt:

1. Zwischenlagerung auf oder nahe der Erdoberfläche,
2. Planung und Errichtung der Lagerstätte und Fertigstellung der ersten Einlagerungskammern,
3. Einlagerung der Abfallgebinde,
4. Zugänglichkeit der Abfallgebinde vor der Resthohlraumverfüllung und Versiegelung,
5. Resthohlraumverfüllung und Versiegelung der Einlagerungskammer,
6. Zugänglichkeit der versiegelten Einlagerungskammer vor der Verfüllung der Einlagerungsstrecke,
7. Verfüllung der Einlagerungsstrecke,
8. Offenhaltung des Zugangsstollens nach der Verfüllung der Einlagerungsstrecke
9. Verfüllung des Zugangsstollens,
10. Offenhaltung der Schächte nach Verfüllung des Zugangsstollens,
11. Verfüllung der Schächte,
12. Nachbetriebsphase mit institutioneller Überwachung,
13. Nachbetriebsphase ohne institutionelle Überwachung.[12]

Die Zeitzonen werden als passiv oder aktiv definiert. Passive Phasen sind all diejenigen Phasen, in denen keine Verfüllungs- und Versiegelungsmaßnahmen vorgenommen werden (Ziff. 3, 4, 6, 8, 10). Die passiven Phasen sollen weit ausgedehnt werden. Denn durch den zeitlichen Aufschub von Maßnahmen in der aktiven Phase, die den Zugriff auf die Abfallgebinde einschränken, z.B. die Hohlraumverfüllung und Versiegelung einer Einlagerungskammer oder die Verfüllung der Einlagerungsstrecke, könne die Rückholbarkeit insgesamt zeitlich weit gestreckt werden.[13]

Die Grundvoraussetzungen des Zugangs zu den Abfallgebinden und die Begrenzung des Abfalls auf die Abfallgebinde sollen u.a. durch leicht zu beseitigende Füll- und Versiegelungsmaterialien erfüllt werden. Des weiteren ist zwischen den Abfallgebinden und dem Kammerabschlussbauwerk als erster technischer Barriere ein Puffer vorgesehen. Es müssen

---

12 ebd., S. VIII

13 ebd.

außerdem schwer zerstörbare Abfallbehälter zur Anwendung kommen.[14] Ein Monitoring ist u.a. im Hinblick auf die Überwachung der Abfallbehältnisse, die Einwirkung der radioaktiven Strahlung auf das Wirtsgestein, die Zugänglichkeit der Lagerstätte und die Rückholbarkeit der Abfälle bedeutsam.[15]

Die Rückholbarkeit wird bis zu einem gewissen Stadium, etwa bis zur Verfüllung der ersten Einlagerungskammer, als technisch relativ einfach eingeschätzt. In späteren Phasen sowie bei einer Rückholung der Abfallgebinde wird eine spezielle Technologie erforderlich.[16]

1.2.2 Sicherheit, Überwachung und Generationenverantwortung

Probleme der Sicherheit und Überwachung sind von den Teilnehmern der Untersuchung vor dem Hintergrund der Methodologie zur Rückholbarkeit und des festgelegen Zeitzonenplanes behandelt worden.

Es wird im Ergebnis festgestellt, dass der zeitlich spät liegende Verschluss der Endlagerstätte sowohl für die Betriebs- als auch für die Langzeitsicherheit Folgen haben kann, die für jedes einzelne Projekt analysiert werden müssen.

Im Bereich der Betriebssicherheit habe eine Analyse über die Auswirkungen der Rückholbarkeit sowohl die konventionellen und radiologischen Risiken für das Betriebspersonal als auch die potenziellen Folgen für die Öffentlichkeit und die Umwelt einzuschließen. Durch angemessene Planungsmaßnahmen und Betriebsabläufe sei es möglich, die Betriebssicherheit zu gewährleisten.[17]

Die Folgenbetrachtung im Bereich der Langzeitsicherheit habe sich sowohl auf Auswirkungen zu konzentrieren, die sich aus der verlängerten Bewetterung und Entwässerung der Lithosphäre ergeben, als auch auf solche, die mit der Langzeitstabilität des Wirtsgesteins, der Haltbarkeit

---

14 ebd.

15 ebd., S. X

16 ebd., S. VIII

17 ebd., S. IX

der Gesteinsträger und der Wasserdichtungen der Lagerstätte verbunden sind.[18]

Die Entwicklung eines weitreichenden Überwachungsprogrammes habe zum einen auf die Gewährleistung der Rückholbarkeit zu zielen. Zum anderen seien Maßnahmen zu planen, die Gefahren entgegenwirken, die sich z.B. durch einen sorglosen Umgang mit der Lagerstätte, durch Kriegseinwirkungen oder terroristische Eingriffe und damit verbunden einen Missbrauch der Abfälle einstellen können.[19]

Den Aspekt der Generationenverantwortung hervorhebend, wird betont, dass die Endlagerung im tiefen Untergrund in jeder Phase des festgelegten Zeitzonenplanes umkehrbar gestaltet sein muss. Nicht nur einzelne Abfallgebinde müssen aus der Lagerstätte zurückgeholt werden können, sondern der gesamte Endlagerungsprozess muss – wenn erforderlich – rückgängig zu machen sein.[20]

1.3 Die konzeptionelle Ausgestaltung der Endlagerung in der Bundesrepublik Deutschland

In der Bundesrepublik Deutschland soll trotz der dargestellten gegenläufigen Tendenz zur Rückholbarkeit radioaktiver Abfälle die Endlagerung für alle Arten radioaktiver Abfälle nicht-rückholbar durchgeführt werden. Im nationalen Entsorgungskonzept aus dem Jahr 1979 ist eine Wiederaufarbeitung, Konditionierung, Zwischenlagerung sowie im Salzbergwerk Gorleben und dem Eisenerzbergwerk Schacht Konrad eine Endlagerung radioaktiver Abfälle vorgesehen.[21] Endlagerung bedeutet nach diesem Konzept, dass die „radioaktiven Abfälle durch Verbringung in tiefe geologische Formationen des Festlandes beseitigt“ werden.[22]

---

18 ebd.

19 ebd.

20 ebd., S. X

21 Bundesminister für Umwelt, Naturschutz und Reaktorsicherheit (BMU), Hrsg., Umweltpolitik, Bericht der Bundesregierung an den Deutschen Bundestag zur Entsorgung der Kernkraftwerke und anderer kerntechnischer Einrichtungen, Deutscher Bundestag (11. Wahlperiode), Drucksache 11/1632 vom 13.1.1988, S. 8

22 ebd., S. 13

Diese Vorgabe wurde in den Empfehlungen der Reaktorsicherheitskommission (RSK) über die „Sicherheitskriterien für die Endlagerung radioaktiver Abfälle in einem Bergwerk" aus dem Jahr 1983 konkretisiert. Die nicht-rückholbare Endlagerung wurde als „wartungsfreie, zeitlich unbefristete und sichere Beseitigung ... unter Einsatz von Verfahren und Methoden" definiert, bei „denen eine Rückholbarkeit der Abfälle nicht erforderlich ist."[23]

Das Konzept der Nicht-Rückholbarkeit wurde dem Endlagerprojekt Schacht Konrad zugrunde gelegt und soll im Folgenden anhand der Planunterlagen erläutert werden.

1.3.1 Das Konzept der nicht-rückholbaren Endlagerung am Beispiel des Endlagerprojektes Schacht Konrad

1.3.1.1 Die Betriebsphase

Nach den Planunterlagen Schacht Konrad sollen am Standort Salzgitter in der tiefengeologischen Gesteinsschicht des Korallenoolith in 800 - 1.300 m Tiefe 95 Volumen% des gesamten im Zusammenhang mit der bundesdeutschen Nutzung der Kernenergie anfallenden Atommülls mit „vernachlässigbar thermischer Einwirkung auf das umgebende Gebirge" - d.h. dass das umgebende Gebirge um nicht mehr als 3 Grad Celsius erwärmt werden darf - nicht-rückholbar endgelagert werden.[24]

Geplant ist, die Abfallgebinde (Behälter und Müll) in Einlagerungsfeldern mit jeweils mehreren Einlagerungskammern einzulagern und stärker wärmeentwickelnde Abfallgebinde im Umfeld von schwächer wärmeentwickelnden Abfallgebinden zu stapeln (Summenbildung).[25] Die Kammern sollen nach ihrer Befüllung mit einem Abschlussbauwerk verschlossen und die Resthohlräume mit Flüssigbeton verfüllt werden. Zur Vermeidung von zu großer radioaktiver Belastung beim Betriebspersonal

23 Bundesanzeiger 35 (1983) Nr. 2, S. 45 f.

24 Bundesamt für Strahlenschutz (BfS), Plan Endlager für radioaktive Abfälle, Kurzfassung Stand 9/86 in der Fassung 4/90 Schachtanlage Konrad in Salzgitter, Salzgitter 1990, S. 12, 54, 97

25 ebd., S. 54, 98

ist eine Bewetterung vorgesehen, in der durch einen Wetterschacht Frischluft zugeführt wird und durch einen anderen Schacht belastete Luft an die Standort-Umgebung abgeführt wird.[26]

1.3.1.2 Die Nachbetriebsphase

Nach Abschluss der ca. 40-jährigen Betriebsphase sollen die Schachtöffnungen und das einzige Bohrloch, die Tiefbohrung 101, mit Haufwerk aus dem Schacht und mit einem Mineralgemisch verschlossen werden. Die Schachtverschlüsse gelten als technische und das Deckgebirge als natürliche Barriere gegen die radioaktiven Schadstoffe.[27]

Die Funktion dieses Multibarrierensystems besteht im wesentlichen darin, die Freisetzung und den Rücktransport von Radionukliden mit den Tiefenwässern aus dem Endlagerbergwerk in die Biosphäre hinreichend lange zu verhindern und das Endlager möglichst stabil zu halten. Der Plan geht davon aus, dass sich nach Beendigung der Betriebsphase die Hohlräume des Schachtes mit Tiefengrundwässern auffüllen, die vom Salzgitter-Höhenzug in den Schacht gedrückt werden. In einem unterstellten langsamen Sickerprozess gelangen die radioaktiven Schadstoffe dann nach der Korrosion der Behälter durch die Gesteinsschichten in die Biosphäre zurück. [28]

Das Endlager ist in der Nachbetriebsphase wartungsfrei. Das bedeutet, dass weder ein gesondertes Überwachungssystem noch ein Informationserhalt vorgesehen sind. Denn nach den Planunterlagen könnten „messbare Einwirkungen auf die Biosphäre ... – falls überhaupt – erst in ferner Zukunft auftreten.“[29]

Gefährdungen für Mensch und Mitwelt werden für einen Zeitraum von einer Million Jahre vom Antragsteller ausgeschlossen. Denn die „von derzeitigen Verhältnissen ausgehende rechnerische Behandlung von Lösungszutritten an die endgelagerten Abfälle zeigt, dass in dem durch Sicherheitsanalysen mit Individualdosenberechnung zu betrachtenden

---

26 ebd., S. 63 f., 84 f.
27 ebd., S. 71 f., 103
28 ebd., S. 14, 40, 55
29 ebd., S. 104

Nachweiszeitraum von ca. 10.000 Jahren keine Kontamination der Biosphäre auftritt und damit die vorgegebenen Schutzziele ... eingehalten werden."[30]

Die für den Zeitraum danach bis eine Million Jahre aufgrund der „klimabedingten abnehmenden Verläßlichkeit der Berechnungsgrundlagen" vorgenommene „nuklidspezifische Bewertung" der vorhandenen natürlichen Barrieren bestätige, dass „die für die Endlagerung vorgesehenen Radionuklide überwiegend erst nach einem Zeitraum von Millionen Jahren an die Erdoberfläche gelangen können und somit das mit geologischen Systemen prognostizierbare Isolationsvermögen beim Endlager Konrad erreicht wird."[31]

1.4 Exemplarische Probleme beider Endlager-Konzeptionen

In der fachwissenschaftlichen Diskussion wird eine Vielzahl von Problemen diskutiert, die sowohl mit der rückholbaren als auch der nicht-rückholbaren Endlagerung verbunden sind. Die Probleme können und sollen im Rahmen dieser Untersuchung nicht detailliert dargestellt werden. Auch sollen vom Konzept unabhängige Probleme, wie z.B. bei einer zentralen Endlagerung die Transportproblematik, nicht behandelt werden.

Unter diesen Voraussetzungen werden im Folgenden exemplarisch Probleme rückholbarer und nicht-rückholbarer Endlagerung aufgezeigt, die sowohl im Rahmen des Genehmigungsverfahrens Schacht Konrad als auch in ihrer grundsätzlichen Bedeutung in der darüber hinausgehenden fachwissenschaftlichen Diskussion erörtert worden sind. Damit verbundene tatsächliche und mögliche Folgen werden diskutiert.

1.4.1 Probleme rückholbarer Endlagerung

Als problematisch bei der rückholbaren Endlagerung werden insbesondere diskutiert:

---

30 ebd., S. 100 f.

31 ebd.

- Freisetzung von Radioaktivität im Rahmen der Betriebsabläufe (Be- und Entladungen sowie Kurzzeitzwischenlagerungen über Tage, Sturz von Abfallbehältern, Brand, Flugzeugabsturz).
- Radioaktive Belastung des Betriebspersonals und der Umwelt durch die Bewetterung des Endlagers.
- Gefährdungen durch unvorhersehbaren Wasserzufluss und Instabilität des Wirtsgesteins.
- Die Ungewissheit der politischen Situation und damit verbunden durch Kriegseinwirkungen oder terroristische Eingriffe die Gefahr des Missbrauchs radioaktiver Abfälle.
- Die erheblichen Kosten für den Kontroll- und Sicherheitsaufwand über Generationen hinweg unter der Voraussetzung, dass Rückholbarkeit nicht identisch sein soll mit leichter Zugänglichkeit der Lagerstätte, insbesondere für Unbefugte, sowie im Hinblick darauf, dass Filteranlagen zum Schutz vor Immissionen eingebaut und die Einlagerungskammern hinsichtlich des Verhaltens der Abfallgebinde sowie der Wechselwirkungen mit dem Wirtsgestein und des Wasserzutritts überwacht werden müssen.[32]

1.4.2 Die Folgen-Intensität rückholbarer Endlagerung

Die dargelegten Einwände machen deutlich, dass gegen das Konzept der Rückholbarkeit angesichts der langen Zugänglichkeit der Lagerstätte Sicherheitsaspekte und hohe Kosten für den erforderlichen Kontroll- und Überwachungsaufwand geltend gemacht werden.

Die Sicherheitsprobleme können in technischer Hinsicht sowohl durch den Einbau von Filteranlagen entschärft werden als auch durch das Monitoring. So könnten Synergismen zwischen den radioaktiven Abfällen

32 Probleme rückholbarer Endlagerung sind im Rahmen des Erörterungstermins Schacht Konrad angesichts der Forderungen, radioaktive Abfälle generell rückholbar endzulagern, an unterschiedlichen Tagen diskutiert worden. Beispielhaft s. NMU (Hrsg.), Planfeststellungsverfahren für die Errichtung und den Betrieb der Schachtanlage Konrad als Endlager für radioaktive Abfälle, Erörterungstermin vom 25.9.1992 bis 6.3.1993 in Salzgitter-Lebenstedt und Vechelde-Wedtlenstedt (8 Bände), Wortprotokoll, Band 1, 8. Verhandlungstag (EÖT 8), S. 1 – 43, S. 30; 9. Verhandlungstag (EÖT 9), S. 1 – 45, S. 6; Band 2, 12. Verhandlungstag (EÖT 12), S. 1 – 55, S. 29

und dem Wirtsgestein überwacht, auf unkontrollierten Wasserzutritt durch das Abpumpen des Wassers reagiert werden. Die Zugänglichkeit der Lagerstätte lässt Reparaturen wie auch den Einsatz weiterentwickelter risikominimierender Entsorgungstechnik zu. Im schlimmsten Fall könnte der Endlagerungsprozess rückgängig gemacht und die Lagerstätte stillgelegt werden.

Gleichwohl können Stör- und Unfälle sowie menschliches Fehlverhalten nicht ausgeschlossen werden. Und erforderliche Maßnahmen wie Reparaturen im Endlagerbereich oder die Auslagerung von Abfallbehältern sind angesichts des Gefährdungspotentials der Abfälle mit besonderen Gefahren verbunden. Auch die künftige politische Entwicklung bleibt unwägbar. Ein Missbrauch der Abfälle etwa durch Kriegseinwirkung kann nicht ausgeschlossen werden.

1.4.3 Probleme nicht-rückholbarer Endlagerung

Die Probleme nicht-rückholbarer Endlagerung sind während der für Konrad vorgesehenen ca. 40-jährigen Betriebsphase hinsichtlich der Betriebsabläufe und der Ungewissheit der politischen Situation im Grundsatz mit denen rückholbarer Endlagerung vergleichbar und sollen an dieser Stelle nicht dargelegt werden.[33]

Im Folgenden sollen konzeptspezifische Probleme nicht-rückholbarer Endlagerung am Kernstück des Sicherheitsnachweises, dem Nachweis der Langzeitsicherheit, aufgezeigt werden:

- Die Ungewissheit hinsichtlich der Wirkungen radioaktiver Strahlung auf das Wirtsgestein und damit die Ungewissheit über die Stabilität der natürlichen Barriere.[34]
- Die prinzipielle Unsicherheit hinsichtlich der tatsächlichen Wasserwegsamkeiten und der Laufzeiten der Tiefengrundwässer. Das Problem werde dadurch verschärft, dass eine Repräsentativität der erhobenen empirischen Daten für das gesamte Modellgebiet Schacht Kon-

33 siehe S. 30 f.

34 NMU (Hrsg.), Erörterungstermin, Wortprotokoll, aaO., u.a. Band 2, 14. Verhandlungstag (EÖT 14), S. 1 – 81, S. 70, 71; 16. Verhandlungstag (EÖT 16), S. 1 – 35, S. 1 - 18

rad nicht nachgewiesen worden sei. Im Hinblick auf die nicht untersuchten weiter entfernten Bereiche werde die Gleichartigkeit der hydrogeologischen und geologischen Situation unterstellt und im wesentlichen mit Analogieschlüssen gearbeitet. [35]

- Die nur bedingte Verifizierung und fehlende Validierung der Rechenprogramme, die zur Modellierung der Ausbreitungswege und –zeiten der Tiefenwässer sowie der zu berechnenden Konzentrationen der Radionuklide in der Biosphäre eingesetzt werden. [36]
- Die Gesamtkonservativität der Modellrechnungen, die nicht schon allein deshalb zwingend konservativ sind, weil einzelne Annahmen konservativ sind, wie z.B. die Modellation mit Süßwasser, während die Tiefenwässer salzhaltig sind und aufgrund ihrer höheren Dichte längere Wasserlaufzeiten anzunehmen sind.[37]

---

35 ebd., u.a. Band 3, 25. Verhandlungstag (EÖT 25), S. 1 – 25, S. 6 – 13.
Gronemeyer + Partner Consulting GmbH, Eine Gesellschaft des TÜV Norddeutschland e.V., Prüfung und Bewertung der vom Nieders. Umweltministerium ausgelegten Antragsunterlagen des Bundesamtes für Strahlenschutz (BfS) auf Errichtung und Betrieb der Schachtanlage Konrad, Kiel 1991, S. I ff..
Gruppe Ökologie, Gesellschaft für ökologische Forschung und Beratung mbH, Gutachterliche Stellungnahme zum „Plan Endlager für radioaktive Abfälle Schachtanlage Konrad, Salzgitter“ des Bundesamtes für Strahlenschutz, Hannover 1991, S. 8, 131 f..
(Beide Gutachter haben im Auftrag der Stadt Salzgitter deren Interessen im Erörterungstermin Schacht Konrad vertreten.)
NMU (Hrsg.), Endlager-Hearing Braunschweig, aaO., S. 344. (Das Endlager-Hearing wurde in zeitlicher Nähe zum Erörterungstermin Schacht Konrad von der Nieders. Landesregierung unter internationaler Beteiligung durchgeführt.)
intac Beratung, Konzepte, Gutachten zu Technik und Umwelt GmbH, Auswertung von Veränderungen des fachwissenschaftlichen Standes ausgewählter Themen im Planfeststellungsverfahren zum geplanten Endlager Konrad seit Beginn des Erörterungstermins im September 1992, erstellt im Auftrag der Arbeitsgemeinschaft Schacht Konrad e.V., Hannover 1995, S. 26 f.. (Die AG Schacht Konrad ist ein Zusammenschluss von Organisationen, Bürgerinitiativen, Kommunen und Einzelpersonen gegen das Endlagerprojekt Konrad.)

36 NMU (Hrsg.), Erörterungstermin, Wortprotokoll, aaO., Band 3, 25. Verhandlungstag (EÖT 25), S. 9 f.. Dass., Endlager-Hearing Braunschweig, aaO., S. 359. *intac* Beratung, Konzepte, Gutachten zu Technik und Umwelt GmbH, aaO., S. 24 ff.

37 NMU (Hrsg.), Erörterungstermin, Wortprotokoll, aaO., Band 3, 25. Verhandlungstag (EÖT 25), S. 9. Dass., Endlager-Hearing Braunschweig, aaO., S. 345. *intac* Beratung, Konzepte, Gutachten zu Technik und Umwelt GmbH, aaO., S. 27 f.

- Die Abstufung des Nachweiszeitraumes, ohne dass für die Zeiträume ab 10.000 Jahren ein in sich schlüssiges und geeignetes Bewertungssystem existiere.[38] Der Langzeitsicherheitsnachweis für das Konrad-Projekt könne auf der Grundlage der angewendeten naturwissenschaftlich-technischen Verfahren und Methoden nicht akzeptiert werden.[39]
- Die Unmöglichkeit, angesichts des prinzipiell begrenzten menschlichen Erkenntnisvermögens belastbare Fernprognosen zu erstellen.[40]
- Die Wartungsfreiheit des Endlagers in der Nachbetriebsphase, die den Informationserhalt ausschließe. Bei der Suche nach Rohstoffen könnten künftige Generationen das Endlager anbohren und damit den frühen Eintritt radioaktiver Schadstoffe in die Biosphäre auslösen.[41]
- Die grundsätzlich begrenzte Aussagekraft von Klimaprognosen und Langzeitprognosen im geowissenschaftlichen Bereich. Selbst Kurzzeitprognosen über Eintrittszeitpunkt und Ausmaß relativ häufiger und daher oft beobachteter Ereignisse, wie Erdbeben oder Vulkanausbrüche, seien fehlerbehaftet.[42]

Die vorstehende Problemskizze am Beispiel Schacht Konrad macht deutlich, dass das Hauptproblem nicht-rückholbarer Endlagerung im Bereich der Nachbetriebsphase die Nicht-Prognostizierbarkeit der Wasserwegsamkeiten und der Entwicklung der Formationen in der Lithosphäre und damit verbunden die Nichtbelastbarkeit der Langzeitsicherheitsprognosen ist. Es wird dadurch verschärft, dass die methodischen Probleme beim Nachweis der Langzeitsicherheit u.a. bei der Auswahl abdeckender Störfallszenarien, der Beschaffung repräsentativer empirischer Daten, der Abbildung der realen Verhältnisse und der Modellunsicherheiten sowie der Gesamtkonservativität der Rechenergebnisse grundsätzlicher Art sind.[43]

---

38 Gruppe Ökologie, Gutachterliche Stellungnahme zum „Plan Endlager für radioaktive Abfälle Schachtanlage Konrad, Salzgitter", aaO., S. 140 ff.. NMU (Hrsg.), Erörterungstermin, Wortprotokoll, aaO., Band 3, 25. Verhandlungstag (EÖT 25), S. 11 - 13

39 NMU (Hrsg.), Erörterungstermin, Wortprotokoll, aaO., Band 3, 25. Verhandlungstag (EÖT 25), S. 6 ff.

40 ebd., 27. Verhandlungstag (EÖT 27), S. 1 – 60, S. 1 - 15

41 Gronemeyer + Partner Consulting GmbH, aaO., S. 47

42 NMU (Hrsg.), Endlager-Hearing Braunschweig, aaO., S. 344

43 ebd., S. 359

Im Rahmen des Endlager-Hearings 1993 in Braunschweig wurde vor diesem Hintergrund hervorgehoben, dass die „Aussagekraft von Modellergebnissen für den Eignungsnachweis ... gegenwärtig überbewertet [werde]. Ihre Bedeutung für den Eignungsnachweis ist daher dringend zu relativieren.“[44]

Diese Warnung hat auch aktuell nicht an Gewicht verloren. Denn die „grundsätzlichen und methodenimmanenten Fehlerquellen“ der zum Langzeitsicherheitsnachweis angewendeten Sicherheitsanalyse können auch durch eine im internationalen Raum erkennbare Weiterentwicklung dieser Verfahren und Methoden nicht beseitigt werden.[45] Das „zugrundeliegende Problem resultiert letztlich aus der Aufgabe, die radioaktiven Abfälle für sehr lange Zeiträume von der Biosphäre zu isolieren. Der entsprechende Nachweis kann auf wissenschaftlich-technischem Wege nicht sicher geführt werden, denn er würde verläßliche Aussagen über die ferne Zukunft erfordern .... Die Endlagerung radioaktiver Abfälle stellt also Anforderungen, die auch durch Weiterentwicklung der Sicherheitsanalyse nicht – oder höchstens zufällig – erfüllt werden können.“[46]

1.4.4 Die neue Folgen-Dimension nicht-rückholbarer Endlagerung

Die nicht-rückholbare Endlagerung ist in einem Schadensfall - ebenso wie die rückholbare Endlagerung - im Rahmen der Betriebsabläufe und im Hinblick auf die Ungewissheit der politischen Entwicklung mit Gefährdungen für die natürlichen Lebensgrundlagen und das Leben und die Gesundheit insbesondere der in einer Endlagerregion lebenden Menschen verbunden. Allerdings sind die tatsächlichen und möglichen Auswirkungen sowohl während der Betriebs- als auch – wie im Folgenden diskutiert werden soll – der Nachbetriebsphase weiter reichend.

Die Gründe dafür liegen in der historisch neuen Folgen-Dimension nicht-rückholbarer Endlagerung. Im Vergleich zu anderen Projekten mit irreversiblen Folgen, z.B. einem Atomkraftwerk, das stillgelegt werden

44 ebd., S. 360
45 Gruppe Ökologie, Analyse der Entsorgungssituation in der Bundesrepublik Deutschland, aaO., S. 163
46 ebd.

kann, ist die nicht-rückholbare Endlagerung nicht nur in ihren Folgen, sondern auch auf sich selbst bezogen unrevidierbar. Die im Endlager in Gang gesetzten Prozesse können angesichts der Unzugänglichkeit der Endlagerstätte nicht beeinflusst und nicht gesteuert werden. Die Folgen nicht-rückholbarer Endlagerung sind unbeherrschbar.

1.4.4.1 Die Betriebsphase

Die nicht-rückholbare Endlagerung erfolgt unter dem Gesichtspunkt, die radioaktiven Abfälle „möglichst frühzeitig" von der Biosphäre zu isolieren.[47] Unter dieser Voraussetzung werden die Einlagerungskammern nach Einlagerung der Abfallgebinde unzugänglich verschlossen mit der Konsequenz, dass der Einlagerungsprozess unter der Voraussetzung, dass Gefährdungen von Menschen und der Umwelt nicht hingenommen werden sollen, fortschreitend unumkehrbar ist. Denn die Bedingungen der Zugänglichkeit müssten bereits bei der Planung des Endlagers berücksichtigt werden, indem u.a. leicht zu beseitigende Füll- und Versiegelungsmaterialien, ein Puffer zwischen den Gebinden und dem Kammerabschlussbauwerk als erster technischer Barriere, der Einbau von Filteranlagen und ein Monitoring gewährleistet werden.[48]

Diese Bedingungen werden jedoch bei der nicht-rückholbaren Endlagerung, wie die Planunterlagen Schacht Konrad deutlich machen, nicht erfüllt. Es sind keine Pufferzonen zwischen den Abfallgebinden und dem Kammerabschlussbauwerk vorgesehen. Die Resthohlräume werden nach Befüllung der Einlagerungskammern mit Flüssigbeton verfüllt. Auf Monitoring wird verzichtet.

Die fortschreitende Unzugänglichkeit während der Betriebsphase mit der Verfüllung der ersten Einlagerungskammer bis zum Verschluss der Endlagerstätte hat weitreichende Folgen. So kann in den unzugänglichen Bereichen weder weiterentwickelte, Risiken für Mensch und Umwelt minimierende Endlagertechnik angewendet werden, noch ist es angesichts fehlender Kontrollmaßnahmen möglich, im Rahmen der Gefahrenabwehr

---

47 NMU (Hrsg.), Erörterungstermin, Wortprotokoll, aaO., Band 1, 8. Verhandlungstag (EÖT 8), S. 29

48 siehe S. 25. Vgl. auch Gruppe Ökologie, Analyse der Entsorgungssituation in der Bundesrepublik Deutschland, aaO., S. 108

und Schadensvorsorge beispielsweise die Synergismen zwischen den radioaktiven Abfällen und dem Wirtsgestein, die Stabilität des Wirtsgesteins und die Entwicklungen im hydrogeologischen Bereich (Wasserzutritt, Wasserwegsamkeiten) zu überwachen und Schäden frühzeitig entgegenzuwirken.

1.4.4.2 Die Nachbetriebsphase

In der Nachbetriebsphase, von der insbesondere künftige Generationen betroffen sind, verschärfen sich die Probleme.

Wenn sich angesichts der Mängel menschlicher Erkenntnis herausstellt, dass die Fernprognosen über die Wasserlaufzeiten und die Wasserwegsamkeiten falsch waren, wenn es durch Störzonen, durch Klüfte in der natürlichen Barriere oder aber auch durch die technische Barriere des Schachtverschlusses zu einem schnellen und vorzeitigen Austritt der belasteten Wässer in das oberflächennahe Grundwasser und damit zu einer radioaktiven Verseuchung des Grundwassers und der Böden kommt, dann wären die natürlichen Lebensgrundlagen flächendeckend zerstört und die Menschen in der Endlager-Region den Gefährdungen aufgrund fehlender Frühwarnsysteme ausgeliefert. Die Möglichkeit, wirksame Maßnahmen einzuleiten, ist ihnen aufgrund der Unzugänglichkeit der Lagerstätte und damit verbunden der Unbeherrschbarkeit der Schadensfolgen genommen. Möglicherweise bereits kontaminiert, bleibt ihnen – wenn überhaupt – allenfalls noch die Möglichkeit des Wegzugs.

1.5 Das Entscheidungsdilemma

Die Diskussion der tatsächlichen und möglichen Folgen beider Endlager-Konzepte macht deutlich, dass sowohl mit dem nicht-rückholbaren als auch mit dem rückholbaren Konzept schwerwiegende Folgen verbunden sind. Allerdings sind die Folgen nicht-rückholbarer Endlagerung aufgrund ihrer Nicht-Revidierbarkeit und der Unbeherrschbarkeit der Schadensfolgen weiter reichend. Angesichts des nicht belastbaren Langzeitsicherheitsnachweises kann ein Schadensereignis, verbunden mit schwerwiegenden Folgen für das Natursystem und künftige Generationen, nicht hinreichend sicher ausgeschlossen werden.

Als Problem rückholbarer Endlagerung werden neben höheren Kosten Risiken diskutiert, die sowohl im Rahmen der Betriebsabläufe (Stör-, Unfälle, menschliches Fehlverhalten) als auch im Hinblick auf die Ungewissheit der künftigen politischen Entwicklung (Missbrauch radioaktiver Abfälle) bestehen. Allerdings sind diese Risiken während der Betriebsphase auch mit der nicht-rückholbaren Endlagerung verbunden, wenngleich für einen wesentlich kürzeren Zeitraum.

Darüber hinaus geht mit einer nicht-rückholbaren Endlagerung der Verlust der Handlungsfreiheit einher, und zwar nicht nur der Handlungsfreiheit künftiger, sondern auch – fortschreitend mit Verschluss der ersten Einlagerungskammer – gegenwärtiger Generationen.

Mit der Entscheidung über die konzeptionelle Ausgestaltung der Atommüll-Endlagerung ist eine Risikobewertung und –gewichtung verbunden. Werden die Risiken rückholbarer Endlagerung, die mit dem Zugriff auf die Abfälle verbunden sind, stärker gewichtet? Oder kommt angesichts der Langzeitsicherheitsprobleme den Risiken nicht-rückholbarer Endlagerung größere Bedeutung zu, die insbesondere künftige Generationen treffen würden? Diese Fragen werden im Verlauf der Untersuchung wieder aufgenommen.

2 Die Grundsatzentscheidung des Parlaments für die Atommüll-Endlagerung

Der internationale Konsens über die nicht-rückholbare Endlagerung radioaktiver Abfälle kann – wie einleitend dargestellt – angesichts der Langzeitsicherheitsprobleme nicht mehr vorausgesetzt werden. Vor diesem Hintergrund und im Hinblick auf die im Planfeststellungsverfahren Schacht Konrad erhobenen Einwände gegen das Konzept der Nicht-Rückholbarkeit soll im Folgenden die Frage geprüft werden, wie das Konzept der Nicht-Rückholbarkeit in der Bundesrepublik legitimiert wird. Der Prüfung werden die Rechtsgrundlagen der Atommüll-Endlagerung vorangestellt.

2.1 Rechtsgrundlagen der Atommüll-Endlagerung

2.1.1 Entscheidungskompetenzen von Bund und Ländern

Die Endlagerung radioaktiver Abfälle ist im Atomgesetz (AtG) seit 1976 geregelt.[1] Das Gesetz wurde im Rahmen der konkurrierenden Gesetzgebung zwischen Bund und Ländern (Art. 74 Abs. 1 Nr. 11a GG) erlassen.

Der Bund ist verantwortlich für die Errichtung und den Betrieb von Endlagern (§ 9a. Abs. 3 AtG). Er hat diese Aufgabe delegiert und 1989 mit dem Gesetz über die Errichtung eines Bundesamtes für Strahlenschutz (§ 2 Abs. 1 BfSG) von der Physikalisch-Technischen Bundesanstalt (PTB) auf das Bundesamt für Strahlenschutz übertragen.[2]

Das Bundesamt für Strahlenschutz wiederum bedient sich zur Planung, Errichtung und zum Betrieb von Endlagern eines Dritten, und zwar der Deutschen Gesellschaft zum Bau und Betrieb von Endlagern für Abfallstoffe mbH (DBE).

---

1 Bundesamt für Strahlenschutz (BfS), Plan Endlager für radioaktive Abfälle ..., aaO., S. 11

2 ebd.

Die Länder, und zwar die jeweils als oberste Landesbehörden zuständigen Ministerien, sind nach § 24 Abs. 2 AtG in Verbindung mit Art. 87c GG für die Durchführung des Planfeststellungsverfahrens und die Genehmigung einer kerntechnischen Anlage bzw. die Versagung der Genehmigung (§ 9b. AtG) zuständig.[3]

Wenngleich keine Auswirkungen auf das Planfeststellungsverfahren Schacht Konrad bestehen, soll der Vollständigkeit halber erwähnt werden, dass mit der am 1.5.1998 in Kraft getretenen 8. Novelle zum Atomgesetz u.a. die Voraussetzung zur Privatisierung der Endlagerung geschaffen worden ist. Nach der Privatisierung soll das Bundesamt für Strahlenschutz die Zuständigkeit für die Genehmigung von Endlagern von den obersten Landesbehörden übernehmen.[4]

2.1.2 Das Planfeststellungsverfahren

Das Planfeststellungsverfahren wird in Bundesauftragsverwaltung (§ 24 Abs. 1 AtG in Verbindung mit Art. 87 c GG) durchgeführt. Damit unterliegen die Länderbehörden der Weisungskompetenz der zuständigen obersten Bundesbehörde (Art. 85 Abs. 3 GG). Es ist nach § 9b AtG durchzuführen. Diese Vorschrift regelt im wesentlichen die Voraussetzungen, die der Genehmigung eines Endlagervorhabens zugrunde zu legen sind, und das Verfahren der Öffentlichkeitsbeteiligung.

Schwerpunkte im Verfahren der Öffentlichkeitsbeteiligung sind die Bekanntmachung des Vorhabens, die Auslegung der Planunterlagen, die Erhebung von Einwendungen gegen das Projekt, die Durchführung des Erörterungstermins und die Zustellung der Entscheidungen (§ 9 b. Abs. 5 Nr. 1 AtG).[5]

---

3 Beck-Texte Umweltrecht 2001[13]

4 Gruppe Ökologie, Analyse der Entsorgungssituation in der Bundesrepublik, aaO., S. 11 f.

5 Beck-Texte Umweltrecht 2001[13]

2.1.3 Genehmigungsvoraussetzungen

Die Voraussetzungen für die Genehmigung einer kerntechnischen Anlage sind in § 9b. Abs. 2 und 4 AtG festgelegt. Danach kann eine Genehmigung nur erteilt werden, wenn die im Rahmen der Gefahrenabwehr und Schadensvorsorge in § 7 Abs. 2 Nr. 1, 2, 3 und 5 AtG genannten Voraussetzungen erfüllt sind. Sie ist zu versagen, wenn von der Errichtung oder dem Betrieb der geplanten Anlage Beeinträchtigungen des Allgemeinwohls ausgehen, die durch inhaltliche Beschränkungen und Auflagen nicht verhindert werden können (§ 9b. Abs. 4 Nr. 1 AtG) oder wenn sonstige öffentlich-rechtliche Vorschriften der Errichtung oder dem Betrieb der Anlage entgegenstehen (§ 9b. Abs. 4 Nr. 2 AtG), insbesondere die Umweltverträglichkeit eines Vorhabens (§ 9b. Abs. 2 AtG).[6]

2.2 Grundlagen der konzeptionellen Ausgestaltung der Atommüll-Endlagerung

2.2.1 Beschlüsse der Bundesregierung und der Ministerpräsidenten der Länder zur Nicht-Rückholbarkeit radioaktiver Abfälle 1979/80

Das Atomgesetz, das im Hinblick auf die Endlagerung radioaktiver Abfälle im wesentlichen die Kompetenzen von Bund und Ländern, die Durchführung des Planfeststellungsverfahrens und die Voraussetzungen zur Genehmigung eines Endlagervorhabens regelt, enthält zur konzeptionellen Ausgestaltung der Atommüll-Endlagerung keine Festlegungen.

Die Endlagerung ist von der Bundesregierung 1979 – offensichtlich angesichts des internationalen Konsenses – mit einer nicht-rückholbaren Endlagerung gleichgesetzt und in das nationale Entsorgungskonzept aufgenommen worden. Das Entsorgungskonzept fand nach seiner politischen Bestätigung durch den „Beschluß der Regierungschefs von Bund und Ländern zur Entsorgung der Kernkraftwerke“ vom 28. September 1979 in den vom Bundesminister des Innern erlassenen „Grundsätzen zur

6 ebd.

Entsorgungsvorsorge für Kernkraftwerke“ vom 19. März 1980 seinen rechtlichen Niederschlag.[7]

Das Bundesumweltministerium vertritt die Auffassung, dass „das Parlament bei der Verabschiedung des Atomgesetzes die Ausgestaltung der Endlagerung im einzelnen dem Vollzug des Atomgesetzes durch die zuständige Behörde im Rahmen der Voraussetzungen für die Erteilung eines Planfeststellungsbeschlusses und der Vorgaben des für den recht- und zweckmäßigen Vollzugs des AtG zuständigen Bundesministeriums überlassen hat.“ Und weiter: „Insoweit bedurfte und bedarf es keiner weiteren Entscheidung des Parlaments dafür, dass beispielsweise in den Sicherheitskriterien für die Endlagerung radioaktiver Abfälle in einem Bergwerk die Endlagerung radioaktiver Abfälle als wartungsfreie, zeitlich unbefristete und sichere Beseitigung dieser Abfälle unter Einsatz von Verfahren und Methoden definiert hat [wird, Anm. d. Verf.], bei denen eine Rückholbarkeit der Abfälle nicht erforderlich ist.“[8]

Nach dieser Auffassung ist das Konzept der Nicht-Rückholbarkeit radioaktiver Abfälle durch die Grundsatzentscheidung für die Atommüll-Endlagerung und die Entscheidung der Genehmigungsbehörde im Planfeststellungsverfahren demokratisch und rechtlich legitimiert. Darüber hinaus wird es ethisch mit Hinweis auf die Verantwortung gegenüber künftigen Generationen gerechtfertigt. Es sei Aufgabe der Abfall produzierenden Generation, die radioaktiven Abfälle „zu verbringen und diese Aufgabe nicht zukünftigen Generationen in 100 oder 500 Jahren oder in einer noch ferneren Zeit zu überlassen“.[9]

2.2.2 Empfehlungen der Enquête-Kommission „Zukünftige Kernenergie-Politik“ im Jahr 1980

Im Unterschied zur herrschenden Meinung empfahl die Enquête-Kommission „Zukünftige Kernenergie-Politik“ des Deutschen Bundestages 1980 im Rahmen ihres Auftrags, energiepolitische Handlungsempfehlun-

---

7 BMU (Hg), Umweltpolitik, Bericht der Bundesregierung an den Deutschen Bundestag zur Entsorgung der Kernkraftwerke ..., aaO., S. 6

8 ebd., Schreiben an die Verfasserin vom 26.8.1998 (s. Anhang)

9 NMU (Hrsg.), Erörterungstermin, Wortprotokoll, aaO., Band 2, 12. Verhandlungstag (EÖT 12), S. 29. Zur Generationenverantwortung siehe auch Gruppe Ökologie, Analyse der Entsorgungssituation in der Bundesrepublik, aaO., S. 110

gen für die 80er Jahre zu erarbeiten, das Konzept der nicht-rückholbaren Endlagerung zu überdenken und bei „Entwicklung, Planung und Bau einer Demonstrations-Wiederaufarbeitungsanlage das Konzept der Rückholbarkeit der konditionierten und endgelagerten Abfälle zu berücksichtigen."[10]

Auch die Enquête-Kommission verwies auf die Generationenverantwortung. Es sei nicht auszuschließen, dass mit der nicht-rückholbaren Endlagerung „heute eine endgültige Entscheidung getroffen wird, welche die ökologischen Verbesserungen der Endlagerkonzeption bezüglich einer Minderung der Hypothek für künftige Generationen behindert. Ökologische Verbesserungen des Endlagerkonzepts, z.B. Transmutation von Abfällen,[11] werden im wissenschaftlichen Raum schon heute als grundsätzlich verfolgenswert angesehen."[12]

Die Enquête-Kommission vertrat aber nicht nur hinsichtlich der konzeptionellen Ausgestaltung der Atommüll-Endlagerung eine andere Auffassung, sondern auch im Hinblick auf die Entscheidungskompetenzen von Legislative und Exekutive bei der Ausgestaltung der Endlagerung. In einer vergleichbaren Entscheidungssituation, als es um die Frage „direkte Endlagerung" oder „Endlagerung nach Wiederaufarbeitung" ging, kam sie zu dem Ergebnis, dass beide Varianten der Endlagerung parallel zu prüfen und im Hinblick auf einen großtechnischen Einsatz unter Zugrundelegung der von ihr entwickelten Kriterien zu vergleichen sind. Und sie empfahl, die Entscheidung über die beiden zur Wahl stehenden Varianten der Endlagerung „einer parlamentarischen Grundsatzentscheidung zuzuführen".[13]

In Anbetracht der unterschiedlichen Positionen von Bundesregierung und Enquête-Kommission zur Frage der Entscheidungskompetenz im Be-

---

10 Deutscher Bundestag (8. Wahlperiode), Bericht der Enquête-Kommission „Zukünftige Kernenergie-Politik" über den Stand der Arbeit und die Ergebnisse gemäß Beschluss des Deutschen Bundestages (Drucksache 8/2628), Drucksache 8/4341 vom 27.6.1980, S. 158

11 Transmutation zielt darauf, „radioaktive Nuklide in inaktive bzw. solche mit kürzeren Halbwertszeiten umzuwandeln", um das Gefahrenpotenzial im Endlager zu reduzieren. Gruppe Ökologie, Analyse der Entsorgungssituation in der Bundesrepublik Deutschland, aaO., S. 68 ff.

12 Deutscher Bundestag (8. Wahlperiode), Bericht der Enquete-Kommission „Zukünftige Kernenergie-Politik, aaO., S. 158

13 ebd., S. 159

reich der konzeptionellen Ausgestaltung der Atommüll-Endlagerung stellt sich die Frage, wer denn nun für die Konzept-Entscheidung zuständig ist: Die Exekutive oder die Legislative?

3 Die Konzept-Entscheidung als Aufgabe des Parlaments

Bereits im Jahr 1984 hat Jürgen Seifert darauf hingewiesen, dass die Parlamente die Aufforderung des Bundesverfassungsgerichtes, Entscheidungen von grundlegender und wesentlicher Bedeutung selbst zu treffen, mit dem es dem „bedrohlichen Zuwachs an Exekutivmacht entgegentreten" wolle, nicht verstanden und „keine spezifischen Modalitäten für die Entscheidung der neuen grundlegenden politisch-gesellschaftlichen oder wissenschaftlich-technischen Fragen entwickelt" hätten.[1] Die Exekutivmacht sei noch „wesentlich verstärkt" worden durch den „Ausbau einer im Grundgesetz nicht vorgesehenen und nicht wirklich demokratisch kontrollierten 'Kooperation' des Bundes und der Länder in der Form von Konferenzen der Ministerpräsidenten, ... und anderer Minister."[2]

Diesen Hinweis aufnehmend, soll im Folgenden vor dem Hintergrund der vom Bundesverfassungsgericht dargelegten Wesentlichkeitstheorie die Zuständigkeit für die Konzept-Entscheidung geprüft werden.

3.1 Die Wesentlichkeitstheorie

3.1.1 Entscheidungskompetenzen von Legislative und Exekutive

Das Bundesverfassungsgericht reagierte mit der Wesentlichkeitstheorie auf das ungleiche Machtgefüge, das sich in der Bundesrepublik mit der „Ausdifferenzierung von Staatsfunktionen" zugunsten der Exekutive herausgebildet hatte.[3] Es entwickelte seit Anfang 1970 in mehreren Entscheidungen eine Verfassungsauslegung vom Vorrang des Gesetzes bzw.

1 Seifert, Jürgen, Entscheidungen neuer Art und rationale Entscheidungsfindung im öffentlichen und demokratischen Verfahren, in: Vorgänge, Zeitschrift für Bürgerrechte und Gesellschaftspolitik, Heft 5, München 1984, S. 30 – 38, S. 31

2 ebd., S. 32

3 Beyme von, Klaus, Der Gesetzgeber, Der Bundestag als Entscheidungszentrum, Opladen 1997, S. 56

des Parlaments, die sich als sog. „Wesentlichkeitstheorie“ in der Rechtsprechung und der rechtswissenschaftlichen Literatur durchgesetzt hat.[4]

Anfang der 70er Jahre wurde der „Staat“ als ein „isoliert neben den anderen Rechtspersonen stehendes Rechtssubjekt“ angesehen. Die Beziehungen der BürgerInnen untereinander als auch zum Staat waren zu diesem Zeitpunkt „rechtlich geordnet und rechtlichen Schranken“ unterworfen. Aus diesen sog. „allgemeinen Gewaltverhältnissen“ waren jedoch Bereiche „innerhalb des Rechtssubjektes Staat“, sogenannte „besondere Gewaltverhältnisse“ (z.B. der Schulbereich und der Strafvollzug) ausgegliedert. In diesen Bereichen galt der „Grundsatz der Gesetzmäßigkeit der Verwaltung nicht“; Regelungen – und damit auch Eingriffe in die Grundrechte – ergingen „in Form von verwaltungsinternen Verwaltungsvorschriften und Anweisungen“. [5]

Einige dieser „besonderen Gewaltverhältnisse“ wurden vom Bundesverfassungsgericht einer gesetzlichen Regelung zugeführt. Es postulierte unter Verweis auf das Rechtsstaatsprinzip (Art. 20 Abs. 3 GG) und das Demokratieprinzip (Art. 20 Abs. 2 Satz 1 GG), „'daß jede Ordnung eines Lebensbereichs durch Sätze objektiven Rechts auf eine Willensentschließung der vom Volke bestellten Gesetzgebungsorgane` zurückgeführt werden muß (BVerfGE 33: 128)“ und dass der Gesetzgeber verpflichtet ist, „'in grundrechtsrelevanten Bereichen die wesentlichen Entscheidungen selbst zu treffen und nicht der Verwaltung zu überlassen` (BVerfGE 47: 55; 33: 158, 346; 40: 237)“.[6]

---

4 Staupe, Jürgen, Parlamentsvorbehalt und Delegationsbefugnis, Zur „Wesentlichkeitstheorie“ und zur Reichweite legislativer Regelungskompetenz, insbesondere im Schulrecht, Dissertation, Berlin 1986, S. 24 ff.

5 ebd., S. 75 ff.

6 Beyme von, Klaus, aaO., S. 56 f..
Als „bahnbrechend“ gilt der Strafvollzugsbeschluss vom 14.3.1972. Das Gericht führte in seiner Begründung aus, dass die Einschränkung von Grundrechten nur „durch Gesetz oder aufgrund eines Gesetzes zulässig ist“. Für den Strafvollzug sei nach Inkrafttreten des Grundgesetzes diese Konsequenz nicht gezogen worden. „Vielmehr griff man auf die Rechtsfigur des 'besonderen Gewaltverhältnisses` zurück und verstand dieses als eine eigenständige implizite Beschränkung der Grundrechte der Strafgefangenen ... . Diese Auffassung ist rückblickend nur damit zu erklären, dass die traditionelle Ausgestaltung des Strafvollzuges als eines 'besonderen Gewaltverhältnisses` es zuließ, die Grundrechte des Strafgefangenen in einer unerträglichen Unbestimmtheit zu relativieren ...“ (BVerfGE 33, 1 (10 f.). Staupe, Jürgen, aaO., S. 100

Im späteren Kalkar-Urteil vom 8. August 1978, in dem es um die Zulässigkeit des Schnellen Brüters ging, schränkte das Bundesverfassungsgericht seine Entscheidung unter Verweis auf die gewaltenteilenden Kompetenzregelungen des Grundgesetzes teilweise ein. Es hob hervor, dass auch die Exekutive von der verfassungsgebenden Gewalt in Art. 20 Abs. 2 und 3 GG als „verfassungsunmittelbare Institution und Funktion" geschaffen worden ist, und dass das Grundgesetz „dem Parlament nicht einen allumfassenden Vorrang bei grundlegenden Entscheidungen" zuspreche.[7] Es betonte, dass das Grundgesetz weitgehende, gerade auch politische Entscheidungen, wie z.B. die Richtlinienkompetenz des Bundeskanzlers (Art. 65 Satz 1 GG) und die Auflösung des Bundestages (Art. 68 GG), der „Kompetenz anderer oberster Staatsorgane anheim" gegeben habe.[8] Dem Bundestag verbleiben bei Missbilligung dieser Entscheidungen seine „Kontrollbefugnisse".[9] Die Kompetenzzuordnung des Grundgesetzes schließe aus, „aus dem Grundsatz der parlamentarischen Demokratie einen Vorrang des Parlaments und seiner Entscheidungen gegenüber den anderen Gewalten als einen alle konkreten Kompetenzzuordnungen überspielenden Auslegungsgrundsatz herzuleiten. Auch die Tatsache, dass eine Frage politisch umstritten ist, vermag die von der Verfassung zugeordneten Entscheidungskompetenzen nicht zu verschieben."[10]

3.1.2 Allgemeiner Parlamentsvorbehalt (Art. 20 Abs. 3 GG) in grundlegenden normativen Bereichen

Das Bundesverfassungsgericht zeigte aber nicht nur die Grenzen parlamentarischer Entscheidungskompetenz auf, sondern erweiterte gleichzeitig den Zuständigkeitsbereich des Gesetzgebers. Es hob hervor, dass das Grundgesetz im Bereich der Rechtsetzung mit dem in Art. 20 Abs. 3 GG implizierten Grundsatz des allgemeinen Vorbehalts des Gesetzes eine Kompetenzzuordnung enthalte, aus der sich ergebe, dass die „Exekutive für Akte, die den Freiheits- und Gleichheitsbereich des Bürgers wesent-

---

7 BVerfGE 49. Band, Tübingen 1979, S. 89 – 148, S. 125, 124
8 ebd., S. 125
9 ebd.
10 ebd., S. 126

lich betreffen, der gesetzlichen Grundlage bedarf."[11] Das Verständnis dieses Grundsatzes habe sich „insbesondere mit der Erkenntnis auch seiner demokratischen Komponente in den letzten Jahren gewandelt ... ."[12]

Es sei ständige Rechtsprechung geworden, dass „der Gesetzgeber verpflichtet ist, - losgelöst vom Merkmal des 'Eingriffs'[13] - in grundlegenden normativen Bereichen, zumal im Bereich der Grundrechtsausübung, soweit diese staatlicher Regelung zugänglich ist, alle wesentlichen Entscheidungen selbst zu treffen ... . Die Art. 80 Abs. 1 [Ermächtigungen] und 59 Abs. 2 Satz 1 zweiter Halbsatz GG [außenpolitische Entscheidungen] sowie die besonderen Gesetzesvorbehalte sind Ausprägungen dieses allgemeinen Gesetzesvorbehalts."[14]

3.1.3 Kontroverse Positionen zur Begrenzung des Parlamentsvorbehaltes auf normative Entscheidungen

Mit seiner Entscheidung begründete das Gericht bei wesentlichen Entscheidungen in normativen Bereichen einen „überindividuell, primär politisch-demokratischen" Parlamentsvorbehalt. Es ging damit über den grundrechtsbezogenen „primär individual-rechtlich-rechtsstaatliche(n)" Vorbehalt hinaus.[15]

In der Literatur werden die Beschränkung des allgemeinen Parlamentsvorbehaltes der Wesentlichkeitstheorie auf wesentliche normative

11 ebd.

12 ebd.

13 Das Bundesverfassungsgericht verwarf mit seiner Auslegung die bürgerlich-liberale Vorstellung des 19. Jahrhunderts, nach der eine gesetzliche Regelung nur dann erforderlich ist, wenn es um Eingriffe in Freiheit und Eigentum geht. Der Begriff des staatlichen Handelns durch Eingriff wird nicht mehr nur als negative Eingriffsfreiheit definiert, sondern auch als positive Grundrechtsverwirklichung, als staatliches Handeln, „durch das dem Einzelnen Leistungen und Chancen gewährt und angeboten werden ... (BVerfGE 40: 249)". Beyme von, Klaus, aaO., S. 56 f.

14 BVerfGE 49. Band, aaO., S.126 f.

15 Staupe, Jürgen, aaO., S. 127. Siehe auch Schulze-Fielitz, der neben der Grundrechtsrelevanz das Erfordernis einer „parlamentarische(n) Entscheidung für politisch bedeutsame Fragen i.S. demokratisch fundamentaler Grundsatzentscheidungen von Bedeutung für die Allgemeinheit" hervorhebt. Schulze-Fielitz, Helmuth, Kommentar zu Art. 20 GG, in: Dreier, Horst, Grundgesetz-Kommentar, Tübingen 1998, Band II, Art. 20 – 82, Rd.Nr. 104

Entscheidungen und auch der Begründungsansatz des Bundesverfassungsgerichtes kontrovers diskutiert.

Es werden einerseits – dem Bundesverfassungsgericht folgend – die „politisch bedeutsamen Eigenzuständigkeiten der Exekutive" sowie die ihr in Art. 20 Abs. 2 GG „zuerkannte institutionelle und funktionelle demokratische Legitimation" hervorgehoben,[16] und es wird im Hinblick auf diese Eigenbereiche die Möglichkeit eines „allgemeinen verfassungsrechtlichen demokratischen Gesetzesvorbehalt(s) für alle wesentlichen Fragen" verneint.[17]

Im Unterschied dazu wird geltend gemacht, dass der allgemeine Parlamentsvorbehalt als „Verfassungsgewohnheitsrecht" zu behandeln ist, für das nicht Art. 20 Abs. 3 GG, sondern Art. 20 Abs. 2 Satz 2 GG Ausgangspunkt sei.[18]

Es wird – über die Auffassung des Bundesverfassungsgerichtes hinausgehend – eingewendet, dass es zu den „Eigentümlichkeiten des vom GG ... übernommenen parlamentarischen Regierungssystems [gehöre], dass Entscheidungen von höchster politischer Tragweite grundsätzlich sowohl vom Parlament als auch von der Regierung, meist aber von beiden zusammen" getroffen werden.[19] Es erwachsen weder der „Regierung noch der Exekutive als Ganzem" u.a. im Hinblick auf die Richtlinienkompetenz sowie auf außenpolitische (Art. 32 Abs. 1 GG) und verteidigungspolitische Entscheidungen (Art. 65 a, 115 b GG) „echte Vorbehaltsbereiche".[20]

Aus einer anderen Perspektive wird der Vorrang der Parlamentsentscheidung ausschließlich mit den Besonderheiten des parlamentarischen Verfahrens begründet. Es gewährleiste Transparenz und Öffentlichkeit

---

16 Böckenförde, Ernst-Wolfgang, Gesetz und gesetzgebende Gewalt, Von den Anfängen der deutschen Staatsrechtslehre bis zur Höhe des staatsrechtlichen Positivismus, Nachwort zum Gesetzesbegriff und Gesetzesvorbehalt, Darmstadt 1981, S. 375 – 402, S. 389

17 Schulze-Fielitz, Helmuth, aaO., Rd.Nr. 114

18 Herzog, Roman, Die Verfassungsentscheidung für die Gewaltenteilung, Art. 20 GG, in: Maunz/Dürig, Grundgesetz-Kommentar, Loseblatt-Sammlung, Band II, Art. 12 – 21, September 1980, Rd.Nr. 92

19 ebd., Rd.Nr. 104

20 ebd., Rd.Nr. 105. Auch Jarass/Pieroth bezweifeln, dass die „Akte der auswärtigen Gewalt i.d.R. der Regierung zuzuordnen sind", verweisen aber auf den „Kernbereich" von Legislative und Exekutive. Jarass/Pieroth, Kommentar zu Art. 20, Grundgesetz für die Bundesrepublik Deutschland, München 1995[3], Rd.Nr. 18 u. 16

und beziehe die Opposition in den Entscheidungsprozess ein. Der „Erlaß von Rechtsvorschriften durch die Exekutive ist seiner grundsätzlichen Anlage nach dem parlamentarischen Verfahren in allen diesen Punkten nicht gleichwertig.“[21]

Die Diskussion soll in dem hier zu prüfenden Zusammenhang nicht vertieft werden. Im Hinblick auf die Entscheidung über die konzeptionelle Ausgestaltung der Atommüll-Endlagerung sind die Entscheidungskompetenzen eindeutig: Als normative Entscheidung liegt sie – die Wesentlichkeit vorausgesetzt – im Zuständigkeitsbereich der Legislative. Allerdings sind die Kriterien für das, was wesentlich ist, wie im Folgenden erläutert wird, „nicht abschließend und eindeutig“.[22]

3.1.4 Die Folgen-Intensität einer Entscheidung als Maßstab ihrer Wesentlichkeit

In der Literatur wird mit Hinweis auf die Rechtsprechung hervorgehoben, dass eine Entscheidung neben der Grundrechtsrelevanz dann als wesentlich im Sinne des allgemeinen Parlamentsvorbehalts der Wesentlichkeitstheorie anzunehmen ist, wenn sie von „allgemeiner politischer Brisanz“ oder von „evidenter allgemeiner Bedeutung“ ist.[23] Auch das „Maß der Umstrittenheit“ einer Regelung, bei der dem Gesetzgeber die Aufgabe zugewiesen werde, den „Ausgleich widerstreitender Interessen herbeizuführen“, wird diskutiert.[24]

In seiner Kalkar-Entscheidung hebt das Bundesverfassungsgericht als Maßstab für die Wesentlichkeit der „normativen Grundsatzentscheidung für oder gegen die rechtliche Zulässigkeit der friedlichen Nutzung der Kernenergie“ die Grundrechtsrelevanz sowie die weitreichenden Auswirkungen auf die „allgemeinen Lebensverhältnisse“ hervor.[25] Es führt in diesem Zusammenhang aus, dass sich die Frage, ob „staatliches Handeln

21 Eberle, Carl-Eugen, Gesetzesvorbehalt und Parlamentsvorbehalt – Erkenntnisse und Folgerungen aus der jüngeren Verfassungsrechtsprechung -, in: Die Öffentliche Verwaltung, Zeitschrift für öffentliches Recht und Verwaltungswissenschaft, 37. Jahrgang, Heft 12, Stuttgart Juni 1984, S. 485 – 493, S. 490

22 Schulze-Fielitz, Helmuth, aaO., Rd.Nr. 103. Staupe, Jürgen, aaO., S. 112 - 126

23 Staupe, Jürgen, aaO., S. 126

24 ebd.

25 BVerfGE 49. Band, aaO., S. 127

einer Rechtsgrundlage im förmlichen Gesetz bedarf, ... nur im Blick auf den jeweiligen Sachbereich und die Intensität der geplanten oder getroffenen Regelung ermitteln“ lässt.[26] Die „verfassungsrechtlichen Wertungskriterien sind dabei in erster Linie den tragenden Prinzipien des Grundgesetzes, insbesondere den vom Grundgesetz anerkannten und verbürgten Grundrechten zu entnehmen. Nach den gleichen Maßstäben beurteilt sich, ob der Gesetzgeber ... die wesentlichen normativen Grundlagen des zu regelnden Rechtsbereichs selbst festlegt und dies nicht dem Handeln etwa der Verwaltung überlassen hat.“[27]

In der Interpretation dieser Entscheidung wird hervorgehoben, dass mit dem Merkmal der „Intensität“ auf die konkreten Folgen und Auswirkungen einer Regelung abgehoben werde. Die Frage, ob eine Angelegenheit als wesentlich und intensiv dem allgemeinen Vorbehalt des Gesetzes unterliegt und vom Parlament hinreichend bestimmt gesetzlich zu regeln ist, oder ob sie auf der Grundlage des Gesetzes an die Exekutive delegiert werden darf, sei „im einzelnen Regelungsfall unter wertender Einschätzung der Auswirkungen der zu schaffenden Norm zu bestimmen“.[28] Das Parlament trage „nicht nur sanktionierbare Entscheidungsverantwortung für die (historische, systematische ...) 'Richtigkeit' seiner Gesetzesbeschlüsse ..., sondern auch für deren Realisierung (Implementation)“ und habe daher die „tatsächlichen wie rechtlichen Wirkungen in der Lebenswirklichkeit zu bedenken und zu berücksichtigen“.[29]

Die Kriterien der Wesentlichkeit und Intensität sollen im Folgenden im Rahmen einer Folgenbetrachtung beider Endlager-Konzeptionen auf die Entscheidung über die konzeptionelle Ausgestaltung der Atommüll-Endlagerung angewendet werden.

---

26 ebd.

27 ebd.

28 Staupe, Jürgen, aaO., S. 125, Fußnote 142

29 ebd., S. 124. In der Literatur wird kritisiert, dass das Bundesverfassungsgericht „auf eine griffige Konkretisierung der Wesentlichkeit und ihrer Stufen verzichtet und den Versuch, die von einer Rechtsprechung vorausgesetzten Intensitätsgrade der Grundrechtsberührung begrifflich herauszuarbeiten, bedauerlicherweise unterlassen“ habe. Ebd., S. 123. Zur Unbestimmtheit der Kriterien der Wesentlichkeit und Intensität s. auch Böckenförde, Ernst, aaO., S. 398

3.2 Die verfassungsrechtliche Intensität der Entscheidung über die konzeptionelle Ausgestaltung der Atommüll-Endlagerung

3.2.1 Die rückholbare Endlagerung

Die Folgen rückholbarer Endlagerung sind während der Betriebsphase – wie bereits dargestellt – insbesondere hinsichtlich der Betriebsabläufe (z.B. Be- und Entladungen, kurzzeitige Zwischenlagerungen über Tage, Brandgefahren), nicht vorhersehbarer Ereignisse in der Lagerstätte (z.B. unkontrollierten Wasserzufluss, Instabilität des Wirtsgesteins), aber auch im Hinblick auf einen Missbrauch der Abfälle (z.B. Terrorismus, Krieg) problematisch.[30] Sie sind es auch bei Maßnahmen im Rahmen der Gefahrenabwehr und Schadensvorsorge, z.B. bei einer Auslagerung von Abfallbehältern.

Ein Schadenseintritt ist angesichts des besonderen Gefährdungspotenzials der Abfälle mit einer möglichen flächendeckenden Zerstörung der natürlichen Lebensgrundlagen und mit Gefährdungen für Leben und Gesundheit der Menschen in der Endlagerregion verbunden. Die Entscheidung für die rückholbare Endlagerung ist in hohem Maße grundrechtsrelevant.

3.2.2 Die nicht-rückholbare Endlagerung

Die nicht-rückholbare Endlagerung ist – wie dargelegt – angesichts ihrer neuen Folgen-Dimension - sowohl während der Betriebs- als auch der Nachbetriebsphase in ihren tatsächlichen Folgen im Normal- und möglichen Folgen im Schadensfall weiter reichend[31] und sie ist – wie im Folgenden zu begründen ist – auch in ihren verfassungsrechtlichen Auswirkungen schwerer wiegend.

3.2.2.1 Handlungsfreiheit und politische Freiheit der BürgerInnen

Angesichts der Unrevidierbarkeit nicht-rückholbarer Endlagerung geht bereits während der Betriebsphase mit fortschreitender Unzugänglichkeit

30 siehe S. 30 f.

31 siehe S. 35 f.

der Lagerstätte zum einen im Hinblick auf die Möglichkeiten der Gefahrenabwehr, Schadensvorsorge und damit verbunden Risikominimierung, sukzessive ein Verlust der Handlungsfreiheit gegenwärtig lebender Menschen einher.

Zum anderen wird die politische Freiheit der BürgerInnen eingeschränkt. Denn die wahlberechtigten BürgerInnen der Bundesrepublik haben mit ihrer Wahlentscheidung (Art. 2 Abs. 1, 38 und 20 Abs. 2 GG) die Möglichkeit, einen Wechsel der politischen Mehrheit herbeizuführen. Sie können damit Sachalternativen den Weg bereiten, die eine bisherige Minderheit im politischen Willensbildungs- und Entscheidungsprozess vertreten hat und aufgrund derer sie die Mehrheit der Stimmen auf sich vereinigen konnte.

Die Möglichkeit, nicht nur einen Wechsel der politischen Akteure, sondern auch einen Politikwechsel durchzusetzen, setzt aber voraus, dass Sachentscheidungen im „Prinzip revidierbar, reversibel oder hinsichtlich ihrer potentiellen negativen Konsequenzen korrigierbar sind.“[32] Mit der Realisierung der nicht-rückholbaren Endlagerung in Schacht Konrad wird den BürgerInnen die Möglichkeit genommen, durch ihre Wahlentscheidung eine neue Mehrheit in den Stand zu versetzen, die Endlagerung radioaktiver Abfälle rückholbar zu gestalten.

Komplementär dazu besteht für eine politische Minderheit keine Chance, aufgrund ihres Eintretens für die bislang im politischen Willensbildungs- und Entscheidungsprozess unterlegene Sachalternative - die rückholbare Endlagerung - eine Mehrheit der Stimmen zu erlangen und durch Umsetzung dieses Konzepts „die staatliche Sozialgestaltung in ihrem Sinne ... beeinflussen“ zu können.[33] Denn vorangegangene Mehrheiten haben sich mit der Entscheidung für die nicht-rückholbare Endlagerung und ihrer Realisierung in dieser Sachentscheidung zu permanenten Mehrheiten gemacht.

---

32 Offe, Claus, Politische Legitimation durch Mehrheitsentscheidung? in: Guggenberger, Bernd/Offe, Claus (Hg), An den Grenzen der Mehrheitsdemokratie, Politik und Soziologie der Mehrheitsregel, Opladen 1984, S. 150 – 183, S. 164

33 Gusy, Christoph, Das Mehrheitsprinzip im demokratischen Staat, in: Guggenberger/Offe (Hg), An den Grenzen der Mehrheitsdemokratie ..., aaO., S. 61 – 82, S. 72

3.2.2.2 Das Demokratieprinzip des Grundgesetzes

Der mögliche Wechsel der Mehrheiten und damit verbunden nicht nur der Wechsel der politischen Akteure, sondern auch der Sachalternativen, ist jedoch Voraussetzung des Demokratieprinzips (Art. 20 Abs. 2 GG). Der Wechsel begründet im Grundsatz die Akzeptanzverpflichtung der Minderheit gegenüber der amtierenden Mehrheit und ihren Sachentscheidungen. Im Wechsel liegt „die Chance der Minderheit, Mehrheit zu werden und ihre Richtigkeitsvorstellungen bis zu einer etwaigen Revision durch eine neue Mehrheit allgemeinverbindlich zu machen".[34]

Diese Möglichkeit – und in diesem Grundsatz stimmt die neuere Literatur durchweg überein -, setzt die Offenheit des politischen Prozesses voraus und als eine seiner Bedingungen, dass Entscheidungen der Mehrheit „insoweit revisibel bleiben, als sie durch eine erneute Mehrheitsentscheidung, möglicherweise von einer nunmehr anders zusammengesetzten Mehrheit abgeändert, das heißt in einem neuen Verfahren verworfen, bestätigt oder modifiziert" werden können.[35]

3.2.2.3 Grad der Reversibilität einer Entscheidung

Die Frage, wie mit Entscheidungen, die in ihren Folgen irreversibel sind, umzugehen ist, wird vor dem Hintergrund der neuen wissenschaftlich-technischen und gesellschafts-politischen Entscheidungen in der wissenschaftlichen Diskussion kontrovers diskutiert.

Einerseits wird hervorgehoben, dass die modernen Demokratien „von ihrer theoretischen Konzeption, der Rechtfertigungsfähigkeit ihrer Entscheidungsprozesse her im Grunde nicht in der Lage [sind], in Streitfragen mit irreversiblen Implikationen legitime Entscheidungen zu tref-

34 Preuß, K. Ulrich, Die Zukunft: Müllhalde der Gegenwart? in: Guggenberger/Offe (Hg), An den Grenzen der Mehrheitsdemokratie ..., aaO., S. 224 – 239, S. 238

35 Heun, Werner, Das Mehrheitsprinzip in der Demokratie: Grundlagen – Struktur – Begrenzungen, Dissertation, Berlin 1983, S. 201. Guggenberger, Bernd, An den Grenzen der Mehrheitsdemokratie, in: Ders./Offe (Hg), An den Grenzen der Mehrheitsdemokratie ..., aaO., S. 184 – 195, S. 189 f.. Abromeit, Heidrun, Mehrheitsprinzip und Föderalismus, in: ebd., S. 132 – 147, S. 135

fen."[36] Andererseits wird die Auffassung vertreten, dass die Bedingung der Reversibilität parlamentarischer Mehrheitsentscheidungen „nicht zur unabdingbaren Begrenzung jeder Entscheidung" erhoben werden dürfe, da „dies vielfach gar nicht möglich sein wird, sie muß aber grundsätzlich in Betracht gezogen werden."[37] Auch wird betont, die Forderung der Reversibilität von Entscheidungen könne nur als „normative Leitlinie" dienen.[38] Ein „objektiver Maßstab für den Grad der Unumkehrbarkeit" stehe selten zur Verfügung, und auch „Nichtentscheiden" könne irreversible Folgen haben.[39]

Schließlich wird unter dem Aspekt der Historizität irreversibler Entscheidungen die Folgen-Irreversibilität der neuen wissenschaftlich-technologischen Entscheidungen relativiert. Als „nicht mehr aus der Welt zu schaffendes Beispiel" wird auf die Erklärung der Menschen- und Bürgerrechte von 1789 verwiesen und betont, dass es auch „'irreversible Entscheidungen' von großem Gewicht gibt, die der Zukunft gegenüber verantwortet werden können."[40]

Mit dieser Argumentation wird die in ihrem Ursprung auf die Stoa und das Christentum zurückgeführte Idee der Menschen- und Bürgerrechte[41] in Beziehung zu den tatsächlichen Folgen politischen Handelns

---

36 Saretzki, Thomas, zitiert bei Helfen, Thomas, Die Kritik am Mehrheitsprinzip als Herausforderung der repräsentativen Demokratie, Dissertation, Bonn 1992, Band II, S. 337

37 Heun, Werner, aaO., S. 201

38 Helfen, Thomas, aaO., S. 565

39 ebd.

40 Der von Kielmansegg hervorgehobene Aspekt der Historizität irreversibler Entscheidungen wird von Oberreuter aufgenommen, der das Problem der Folgen-Irreversibilität der neuen Entscheidungsmaterien im Hinblick auf die Frage diskutiert, ob die neuen Entscheidungen in den Bereich des Unabstimmbaren aufgenommen werden sollten. Er kommt zu dem Ergebnis, dass das Problem der Folgen-Irreversibilität als „Problem politischen Handelns" wohl nicht mit „Entscheidungs-, sondern mit ethischen Kategorien fassbar" werde. Letztendlich aber gebe es „wohl keine positive Antwort auf die Frage, welche Entscheidungen zusätzlich institutionell der Politik (und damit der Mehrheit) entzogen werden können." Oberreuter, Heinrich, Mehrheiten und Minderheiten in der parlamentarischen Demokratie, in: Ders. (Hg), Wahrheit statt Mehrheit?: An den Grenzen der parlamentarischen Demokratie, München 1986, S. 67 – 84, S. 79

41 Löw, Konrad, Grund- und Menschenrechte, in: Mickel, W. in Verbindung mit Zitzlaff, Dietrich (Hrsg.), Handlexikon zur Politikwissenschaft, Schriftenreihe der Bundeszentrale für politische Bildung, Band 237, München 1986, S. 197 – 200, S. 200

gesetzt. Es ist zuzustimmen, dass die Idee der Menschen- und Bürgerrechte eine unabhängig von der Zustimmung oder Ablehnung objektive Wirkung hat, und dass sie in diesem immateriellen Sinne in ihren Folgen irreversibel ist.

Übersehen wird bei dieser Argumentation allerdings, dass die verpflichtende Wirksamkeit der Idee der Menschen- und Bürgerrechte, und das ist gegenüber den irreversiblen materiellen Folgen politischen Handelns die Vergleichsbasis, an positives Recht gebunden ist, und das ist revidierbar.

Im Hinblick auf die unterschiedlichen Grade von Irreversibilität scheint die neue Folgen-Dimension nicht-rückholbarer Endlagerung radioaktiver Abfälle nach Auffassung der Verfasserin ein sinnvoller Gradmesser für die Bedingung der Reversibilität von Mehrheitsentscheidungen zu sein. Denn mit einer Entscheidung, die nicht nur in ihren Folgen, sondern auch auf sich selbst bezogen grundlegend unrevidierbar ist, ist der Verlust der Entscheidungs- und Handlungsfreiheit verbunden und ein neuer demokratischer Konsens in der Sachfrage nicht mehr möglich.

3.2.3 Die Generationenverantwortung bei beiden Endlager-Konzepten

Die Folgen der Endlagerung für künftige Generationen - das ist bereits dargelegt worden und soll hier nicht wiederholt werden -[42] sind unabhängig davon, welches Konzept zur Anwendung kommt, angesichts des Katastrophenpotenzials der Abfälle besonders schwerwiegend. Im Ergebnis aber sind die Auswirkungen nicht-rückholbarer Endlagerung aufgrund ihrer Nicht-Revidierbarkeit weiter reichend. Der Generationenverantwortung kommt allerdings erst seit 1994 mit Inkrafttreten der Umwelt-Staatszielbestimmung (Art. 20a GG) über ihre ethische Relevanz hinaus rechtliche Bedeutung zu. Dieser Aspekt wird zu einem späteren Zeitpunkt wieder aufgenommen. Unabhängig jedoch von der Verrechtlichung war die Generationenverantwortung in den 70er Jahren im Rahmen der Risikobewertung und -gewichtung aufgrund ihres ethischen Gewichts in die Entscheidung über die konzeptionelle Ausgestaltung der Atommüll-Endlagerung einzubeziehen.

---

42 siehe S. 37 f.

3.2.4 Die Konzept-Entscheidung im Rahmen der Wesentlichkeitstheorie

Die Diskussion der Folgen-Intensität beider Endlager-Konzeptionen macht deutlich, dass die Entscheidung über die konzeptionelle Ausgestaltung der Endlagerung sowohl bei der Wahl der rückholbaren Endlagerung als auch bei der nicht-rückholbaren Variante in hohem Maße verfassungsrechtlich relevant ist. Denn in beiden Fällen steht sie in Spannung zum Grundrecht auf Leben und körperliche Unversehrtheit (Art. 2 Abs. 2 GG).

Mit der Entscheidung für die nicht-rückholbare Endlagerung ist darüber hinaus mit fortschreitender Unzugänglichkeit der Lagerstätte während der Betriebsphase und vollends in der Nachbetriebsphase der Verlust der Handlungsfreiheit verbunden. Das Recht auf Leben, die Unversehrtheit des Lebens und die Handlungsfreiheit sind der Menschenwürdegarantie des Grundgesetzes (Art. 1 Abs. 1 GG) implizit. Des weiteren steht das Konzept der Nicht-Rückholbarkeit radioaktiver Abfälle in Spannung zur politischen Freiheit der BürgerInnen und zum Demokratieprinzip des Grundgesetzes (Art. 2 Abs. 1, 38, 20 Abs. 2 GG).

In Anwendung der vom Bundesverfassungsgericht dargelegten Kriterien der Wesentlichkeit und Intensität scheint die Annahme berechtigt, dass die Entscheidung über die konzeptionelle Ausgestaltung der Atommüll-Endlagerung aufgrund ihres normativen Charakters und ihrer im Hinblick auf beide Endlager-Konzeptionen besonders schwerwiegenden tatsächlichen und möglichen Folgen und verfassungsrechtlichen Auswirkungen dem allgemeinen Parlamentsvorbehalt der Wesentlichkeitstheorie (Art. 20 Abs. 3 GG) unterliegt und 1976 im Rahmen der Grundsatz-Entscheidung vom Parlament hätte getroffen und hinreichend bestimmt gesetzlich festgelegt werden müssen.

Von den Bestimmtheitsanforderungen kann allerdings – wie im Folgenden zu erläutern ist – abgewichen werden.

3.3 Das Gebot der Bestimmtheit der Grundsatzentscheidung

Das Parlament war im Rahmen der Grundsatzentscheidung für die Atommüll-Endlagerung 1976 an das Gebot der Bestimmtheit einer gesetzlichen Regelung gebunden.[43] Das bedeutet, dass die „parlamentsgesetzliche Regelung“ sich „nicht darauf beschränken [darf], allgemein gehaltene Grundsätze aufzustellen.“[44] Sie muss – so wird in der Literatur mit Hinweis auf die Rechtsprechung hervorgehoben - die „Tätigkeit der Verwaltung inhaltlich normieren“.[45] Je wesentlicher eine Angelegenheit sei, „um so bestimmter muß die normative Aussage des Gesetzgebers sein.“[46] Die Entscheidung über die konzeptionelle Ausgestaltung der Endlagerung wäre als besonders wesentliche Entscheidung vom Parlament zu treffen und hinreichend bestimmt gesetzlich festzulegen gewesen.

3.3.1 Entscheidungskompetenzen der Genehmigungsbehörde im Rahmen eines dynamischen Grundrechtsschutzes

Das Bundesverfassungsgericht führt allerdings in seinem Urteil zur Zulässigkeit des Schnellen Brüters in Kalkar einschränkend aus, dass von den Bestimmtheitsanforderungen abgewichen werden könne, wenn eine offene Gesetzesfassung dem besseren Schutz oder der besseren Verwirklichung der Grundrechte diene.[47] Es könne im Einzelfall im Rahmen eines dynamischen Grundrechtsschutzes wirkungsvoller sein, die Verwaltung in den Stand zu versetzen, die erforderliche Entscheidung zu treffen. Diese könne flexibler und schneller als der Gesetzgeber auf die besonderen Umstände eines Einzelfalles reagieren und die neuesten, dem Stand von Wissenschaft und Technik zum Zeitpunkt der Genehmigung eines konkreten Vorhabens entsprechenden Erkenntnisse anwenden.[48] Die „gesetzliche Fixierung eines bestimmten Sicherheitsstandards durch die Aufstellung starrer Regeln würde ... die technische Weiterentwicklung wie die ihr jeweils angemessene Sicherung der Grundrechte eher hemmen als fördern.“[49]

43 BVerfGE 49. Band, aaO., S. 129
44 Staupe, Jürgen, aaO., 137
45 ebd.
46 ebd.
47 BVerfGE 49. Band, aaO., S. 137
48 ebd., S. 139 f.
49 ebd., S. 137

Vor diesem Hintergrund sei nicht zu beanstanden, dass es das Atomgesetz „weithin der Exekutive“ überlasse, „über eine Anlage, über Art und insbesondere über das Ausmaß von Risiken, die im Einzelfall hingenommen oder nicht hingenommen werden, zu befinden“.[50]

3.3.2 Der Vorrang des Parlamentes bei Entscheidungen mit schwerwiegenden und ungewissen Folgen

Das Bundesverfassungsgericht schränkt jedoch seine grundsätzlichen Ausführungen hinsichtlich der Entscheidungskompetenzen der Genehmigungsbehörde wieder ein. Bezogen auf Entscheidungen mit hoher Folgen-Intensität und ungewissem Ausgang hebt es hervor, dass es in einer „mit Ungewissheit belasteten Situation“, wenn erst „die Zukunft“ erweisen wird, ob die zu treffende Entscheidung „mehr zum Nutzen oder zum Schaden“ sein wird, „zuvorderst in der politischen Verantwortung des Gesetzgebers und der Regierung [liege,] im Rahmen ihrer jeweiligen Kompetenzen die von ihnen für zweckmäßig erachteten Entscheidungen zu treffen. Bei dieser Sachlage ist es nicht Aufgabe der Gerichte, mit ihrer Einschätzung an die Stelle der dazu berufenen politischen Organe zu treten.“[51]

Die Entscheidung über die konzeptionelle Ausgestaltung der Atommüll-Endlagerung ist in jedem Fall, unabhängig davon, ob das Konzept der Nicht-Rückholbarkeit oder das der Rückholbarkeit gewählt wird, angesichts des Katastrophenpotenzials der Abfälle mit hohen Risiken verbunden. Der Aspekt der Ungewissheit der Folgen ist sowohl auf mögliche Un- und Störfälle und auf menschliches Fehlverhalten im Rahmen der Betriebsabläufe zu beziehen als auch auf nicht vorhersehbare Ereignisse im Bereich der Lagerstätte (Wasserzutritt, Instabilität des Wirtsgesteins). Er muss ebenso hinsichtlich der künftigen politischen Entwicklung und der damit möglicherweise verbundenen Gefahr des Missbrauchs der Abfälle geltend gemacht werden.

Allerdings ist die Annahme, es werden Gefährdungen für Mensch und Umwelt eintreten, ebenso hypothetisch wie die Annahme, es werden keine Gefährdungen eintreten.

---

50 ebd., S. 138
51 ebd., S. 131

Angesichts dieser Ungewissheit und im Hinblick darauf, dass die Schadensfolgen in ihrem Ausmaß und ihrer zeitlichen Reichweite unermesslich sind, wie die Katastrophe von Tschernobyl deutlich gemacht hat, bei der weite Landstriche auf Dauer unbewohnbar und eine Vielzahl von Menschen Opfer radioaktiver Strahlung geworden sind,[52] erscheint die Annahme berechtigt, dass die Entscheidung über die konzeptionelle Ausgestaltung der Endlagerung als eine wesentliche und verfassungsrechtlich besonders intensive normative Entscheidung in der politischen Verantwortung der Legislative liegt und nicht im Rahmen eines dynamischen Grundrechtsschutzes der Exekutive übertragen werden kann.

Vor diesem Hintergrund erweist sich die Vereinbarung zwischen der Bundesregierung und den Energieversorgungsunternehmen, die nichtrückholbare Endlagerung in Schacht Konrad genehmigen zu lassen, aber durch die Rücknahme des Sofortvollzugs die – wie der Bundesumweltminister hervorhebt – „Möglichkeit für eine gerichtliche Überprüfung des Planfeststellungsbeschlusses in der Hauptsache“[53] zu schaffen, als eine Maßnahme, die sachlich nicht gerechtfertigt erscheint. Denn die Entscheidung über die konzeptionelle Ausgestaltung der Atommüll-Endlagerung liegt zunächst einmal in der politischen Verantwortung des Parlaments.

Angesichts der Zuständigkeit des Parlamentes ergeben sich im Hinblick darauf, dass der Genehmigungsentwurf für das Konrad-Projekt weisungsbedingt erstellt und offensichtlich Grundlage für die zwischen der Bundesregierung und den Energieversorgungsunternehmen vereinbarte Genehmigung des Konrad-Projektes ist, Auswirkungen auf das Konrad-Verfahren, die im Folgenden - nach einer Skizzierung der Ausgangssituation – diskutiert werden sollen.

52 Bundesamt für Strahlenschutz (BfS), Radiologische Folgen des Tschernobyl-Unfalls 1986 – Vorlagen-Sammlung für Transparentfolien -, Salzgitter 1996, BfS-10/96, Zusammenfassende Feststellung der Weltgesundheitsorganisation (WHO) T 90-00 – 90-06

53 Salzgitter-Zeitung vom 18.7.2000

3.3.3 *Auswirkungen auf das Planfeststellungsverfahren Schacht Konrad*

3.3.3.1 *Die Ausgangssituation*

Das Planfeststellungsverfahren Schacht Konrad läuft seit 1982 und ist das erste atomrechtliche Verfahren zur Genehmigung eines Atommüll-Endlagers in der Bundesrepublik. Es ist – wie bereits dargelegt – durch das Land Niedersachsen in Bundesauftragsverwaltung durchzuführen.[54] Im Unterschied zum Verfahren der landeseigenen Ausführung der Bundesgesetze, in dem die Ausübung der Weisungskompetenz des Bundes gegenüber dem Land an ein Mängelverfahren und eine gesetzliche Grundlage (Art. 84 Abs. 4, 5 GG) gebunden ist, kann der Bund – so das Bundesverfassungsgericht in seiner Kalkar-Entscheidung 1990 – das Weisungsrecht im Verfahren der Bundesauftragsverwaltung (Art. 85 Abs. 3, 4 GG) gegenüber dem Land nach eigenem Ermessen und „nicht weiter rechtfertigungsbedürftig" zur Wahrung des Gemeinwohlinteresses in Anspruch nehmen.[55]

Gegenstand einer Weisung kann nach Darlegung des Bundesverfassungsgerichtes 1991 im Streit zwischen dem Bund und dem Land Niedersachsen um die Weisungskompetenz im Konrad-Verfahren sowohl eine „verfahrensabschließende Entscheidung" sein als auch das „ihrer Vorbereitung dienende Verwaltungshandeln".[56] Dabei hat eine Landesbehörde – hier ist wieder auf die Kalkar-Entscheidung aus dem Jahr 1990 zu verweisen - die Weisung auch dann zu befolgen, „wenn der Inhalt der

---

54 siehe S. 40

55 BVerfGE 81. Band, Tübingen 1990, S. 310 – 347, S. 332. In diesem Verfahren ging es um den Streit zwischen dem Bund und dem Land Nordrhein-Westfalen hinsichtlich der Überprüfung des Sicherheitskonzeptes des „Schnellen Brüters" in Kalkar vor Erteilung einer weiteren Teilerrichtungsgenehmigung, den der Bund per Weisung für sich entschieden hatte.

56 Dass., 84. Band, Tübingen 1992, S. 25 – 33, S. 31. Das Land Niedersachsen hatte geltend gemacht, dass die Weisung des Bundes, die Öffentlichkeitsbeteiligung im Planfeststellungsverfahren einzuleiten, rechtswidrig sei. Denn der Bund habe sie erteilt, „obwohl er selbst – in Gestalt des BfS – Antragsteller in dem atomrechtlichen Verfahren sei. Der Bund zwinge das Land zu einem Handeln, das den Bund begünstige, den Interessen der Bürger jedoch zuwiderlaufe." NMU (Hg), Was Sie schon immer über Konrad wissen wollten, Hannover 1992, S. 12

Weisung, die das Land auszuführen hat, wegen eines Verfassungsverstoßes, insbesondere einer Grundrechtsverletzung, rechtswidrig ist.“[57]

Das Weisungsrecht wurde im Planfeststellungsverfahren Schacht Konrad von den damaligen BundesumweltministerInnen Klaus Töpfer und Angelika Merkel mit dem Ziel in Anspruch genommen, angesichts der bereits vorhandenen und weiterhin anfallenden radioaktiven Abfälle die „Errichtung und Inbetriebnahme eines Endlagers für nicht nennenswert wärmeentwickelnde radioaktive Abfälle mit hoher Priorität zu betreiben“.[58] Denn das Niedersächsische Umweltministerium als Genehmigungsbehörde hatte u.a. Sicherheitsbedenken, z.B. im Hinblick auf die nicht nachgewiesene Langzeitsicherheit des Vorhabens, und in diesem Zusammenhang noch Prüfbedarf geltend gemacht.[59]

Vor diesem Hintergrund wurden im Zeitraum 1991 – 1997 sieben Weisungen[60] erlassen, die im Ergebnis zu einem Genehmigungsentwurf für das Konrad-Projekt führten, den die Genehmigungsbehörde damit kommentierte, dass sich das Bundesumweltministerium „im Prinzip selbst die Genehmigung geschrieben“ und damit das „Planfeststellungsverfahren zur Farce“ gemacht habe.[61]

Der unter Weisungsdruck während der Regierungszeit von CDU/CSU und FDP zustande gekommene Genehmigungsentwurf für das Konrad-Projekt wurde nach der Bundestagswahl 1998 von der neuen Bundesregierung aus SPD und Bündnis 90/Die Grünen übernommen. Eine von der kritischen Öffentlichkeit und dem amtierenden Niedersächsischen Umweltminister Wolfgang Jüttner gegenüber Bundesumweltminister Jürgen Trittin geforderte Rücknahme der Weisungen, die eine weisungsunabhängige ergebnisoffene Prüfung der Genehmigungsvoraussetzungen des Konrad-Projektes ermöglichen sollte, erfolgte nicht.[62]

Der Genehmigungsentwurf, der nach Darlegung des Bundesumweltministeriums „keine tragenden rechtlichen oder sicherheitsrelevanten

57 BVerfGE 81. Band, aaO., S. 333

58 Bundesumweltminister für Umwelt, Naturschutz und Reaktorsicherheit, Weisung vom 2.4.1992 – RS III 1-14842/5 -, S. 8

59 NMU (Hg), Was Sie schon immer über Konrad wissen wollten, aaO., S. 12

60 Salzgitter-Zeitung vom 15.9.1997

61 ebd.

62 Salzgitter-Zeitung vom 24.11.1998, 29.1., 11.2., 5. und 11.10.1999

Gründe" gegen eine Genehmigung des Endlagers ausweise,[63] ist damit offensichtlich zur Grundlage der zwischen Bundesregierung und Energieversorgungsunternehmen vereinbarten Genehmigung Schacht Konrads geworden.

3.3.3.2 Weisungskompetenz und Interessengegensätze

Die Beschreibung der Ausgangssituation macht ein grundsätzliches Problem deutlich. Das Verfahren wird zwar im Rahmen föderaler Struktur durchgeführt, mit der dem Anspruch nach die „Gleichberechtigung oder zumindest Gleichgewichtigkeit" der Genehmigungsbehörde im Verhältnis zum Bund verbunden ist.[64] Im Rahmen der Bundesauftragsverwaltung kippt diese Machtbalance jedoch aufgrund der - erst einmal - nicht weiter rechtfertigungsbedürftigen Weisungskompetenz, und die Genehmigungsbehörde wird zum ausschließlichen Vollzugsorgan des Bundes mit der Konsequenz - so die Kritik der Genehmigungsbehörde im Konrad-Verfahren –, dass der „Föderalismus in der Bundesrepublik ad absurdum geführt" wird.[65]

Im Rahmen der vorliegenden Untersuchung soll auf diesen verfassungsimmanenten Widerspruch nicht eingegangen werden, sondern es soll zum einen der Prüfbedarf hervorgehoben werden, der sich im Hinblick auf die Interessenkollision darstellt, die sich daraus ergibt, dass der Bundesumweltminister - über das Bundesamt für Strahlenschutz - gleichzeitig als Antragsteller im Verfahren und Aufsichtsinstanz der Genehmigungsbehörde sowie als Mitglied der Bundesregierung und damit des Organes, das die nicht-rückholbare Endlagerung beschlossen hat, im Kon-

---

63 Bundesminister für Umwelt, Naturschutz und Reaktorsicherheit, „Untersuchung der Rahmenbedingungen des nationalen und internationalen Rechts für die Energiekonsensgespräche, insbesondere zur nachträglichen gesetzlichen Befristung von Betriebsgenehmigungen, zum gesetzlichen Verbot der Wiederaufarbeitung und zum Stopp der Endlagererkundung für das Endlager in Gorleben sowie den Abschluss des Planfeststellungsverfahrens für das Endlager Schacht Konrad einschließlich der Auswirkungen auf die gezahlten Vorausleistungen der Energieversorgungsunternehmen" vom 22.8.1999 – RS I 1 – 40105/1.3 -, S. 93

64 Böhret, Carl/Jann, Werner/Junkers, Marie Therese/Kronenwett, Eva, Innenpolitik und politische Theorie, Opladen 1983², S. 96

65 NMU Presse-Information Nr. 175/94 vom 19.10.1994, S. 3. Siehe auch Nr. 97/94 vom 16.5.1994

rad-Verfahren aufgrund der in Anspruch genommenen Weisungskompetenz in eigener Sache entscheidet.

Zum anderen soll die Weisungskompetenz im Folgenden im Hinblick auf ihre Anwendungsvoraussetzung diskutiert werden.

3.3.3.3 Der Gemeinwohlbezug der Weisungskompetenz

Die Inanspruchnahme der Weisungskompetenz – so das Bundesverfassungsgericht in seiner Kalkar-Entscheidung aus dem Jahr 1990 - ist ihrer Voraussetzung nach als „reguläres Mittel gedacht, damit sich bei Meinungsverschiedenheiten das hier vom Bund zu definierende Gemeinwohlinteresse durchsetzen kann.“[66]

Mit der Inanspruchnahme des Weisungsrechts durch die BundesumweltministerInnen im Konrad-Verfahren wurde angesichts der Grundsatzentscheidung für die Atommüll-Endlagerung vorausgesetzt, dass die nicht-rückholbare Endlagerung dem Gemeinwohlinteresse entspricht. Die Richtigkeit dieser Annahme setzt allerdings voraus, dass das Parlament als zuständiges Organ für grundlegende und wesentliche normative Entscheidungen im Rahmen eines demokratischen Willensbildungs- und Entscheidungsprozesses die beiden Grundformen der Endlagerung und damit verbunden u.a. die Frage der Umwelt- und Generationenverantwortung sowie die der gesellschaftlichen Akzeptanz der Risiken diskutiert und die Entscheidung für das Konzept der Nicht-Rückholbarkeit radioaktiver Abfälle als Ausdruck des Gemeinwohlinteresses gesetzlich festgelegt hat. Denn das Gemeinwohl, das aus den Konflikten und Kompromissen der gesellschaftlichen Gruppen als Resultat des politischen Wettbewerbs a posteriori hervorgeht,[67] findet in der „parlamentarischen Entscheidung seinen Ausdruck“.[68]

Angesichts der fehlenden Gesetzesgrundlage für das Konzept der Nicht-Rückholbarkeit radioaktiver Abfälle fehlt der Inanspruchnahme der Weisungskompetenz im Planfeststellungsverfahren Schacht Konrad die

66 BVerfGE 81. Band, aaO., S. 332

67 Fraenkel, Ernst, Strukturanalyse der modernen Demokratie (1970), in: Ders. Reformismus und Pluralismus, Materialien zu einer ungeschriebenen politischen Autobiographie, Hamburg 1973, S. 404 – 433, S. 428 ff.. Siehe auch Heun, Werner, aaO., S. 244

68 Knebel, Jürgen, Gemeinwohl, in: Mickel, Wolfgang W. in Verbindung mit Zitzlaff, Dietrich (Hrsg.), aaO., S. 169 – 172, S. 171

Voraussetzung. Sie bedarf gerade im Hinblick darauf, dass die zwischen Bundesregierung und Energieversorgungsunternehmen vereinbarte Genehmigung des Konrad-Projektes offensichtlich auf dem weisungsgebundenen Genehmigungsentwurf basiert, einer rechtlichen Überprüfung.

3.4 Die Pflicht zur Überprüfung der Grundsatzentscheidung

Mit dem Verzicht auf eine hinreichend bestimmte gesetzliche Regelung der konzeptionellen Ausgestaltung der Endlagerung im Rahmen der Grundsatzentscheidung für die Atommüll-Endlagerung kann – so das Bundesverfassungsgericht – der Gesetzgeber „von Verfassungs wegen gehalten sein zu überprüfen, ob die ursprüngliche Entscheidung auch unter den veränderten Umständen aufrechtzuerhalten ist“, wenn „neue, im Zeitpunkt des Gesetzeserlasses noch nicht abzusehende Entwicklungen“ eintreten.[69]

Eine Überprüfung ist aktuell angesichts der dargelegten europäischen Untersuchung zur Rückholbarkeit radioaktiver Abfälle angeraten. Eine Pflicht zum Nachfassen des Gesetzgebers war aber auch schon Mitte der 90er Jahre gegeben. Einerseits im Hinblick darauf, dass der internationale Konsens über die nicht-rückholbare Endlagerung angesichts der Langzeitsicherheitsprobleme und der Tendenz zu rückholbaren Lösungen nicht mehr vorausgesetzt werden kann. Andererseits aufgrund der am 15.11.1994 durch verfassungsänderndes Gesetz vom 27.10.1994[70] in Kraft getretenen Umwelt-Staatszielbestimmung (Art. 20 a GG). Denn damit haben sich die rechtlichen Rahmenbedingungen für umweltrelevante Entscheidungen wie die der konzeptionellen Ausgestaltung der Endlagerung verändert. Die neue Rechtslage soll auf der Grundlage aktueller Kommentare – eine Entscheidung des Bundesverfassungsgerichtes zu Art. 20 a GG liegt noch nicht vor – dargestellt werden.

In dem hier zu erläuternden Zusammenhang werden im Folgenden die Entscheidungskompetenzen von Legislative und Exekutive in den Mittelpunkt gestellt und die Auswirkungen auf die Entscheidung über die konzeptionelle Ausgestaltung der Endlagerung diskutiert.

---

69 BVerfGE 49. Band, aaO., S. 130
70 BGBl. I S. 3146

3.4.1 Das Staatsziel Umweltschutz (Art. 20 a GG)

Mit Art. 20 a GG ist eine „neue Rechtslage geschaffen" worden.[71] Staatliches Handeln muss sich daran messen lassen, ob es die „natürlichen Lebensgrundlagen" auch in „Verantwortung für die künftigen Generationen" (Art. 20 a GG) schützt.

Der Schutz der natürlichen Lebensgrundlagen ist „begriffsidentisch mit 'Umweltschutz`"[72] und zielt auf die „'gesamte natürliche Umwelt des Menschen`", auch die von ihm „gestaltete natürliche Umwelt", nicht aber auf „'künstlich` geschaffene soziale, ökonomische, kulturelle und technisch-gegenständliche Einrichtungen."[73] Der Umweltschutz wird auf die „Gesamtheit der Ökosysteme"[74] bezogen unter Einbeziehung der „Umweltmedien Luft, Wasser und Boden einerseits, sowie Pflanzen, Tiere und Mikroorganismen in ihren Lebensräumen andererseits sowie Klima und Landschaft einschließlich der verschiedenen Wechselwirkungen zwischen diesen einzelnen Elementen".[75]

Mit Art. 20 a GG ist eine jahrzehntelang kontrovers geführte politische und rechtswissenschaftliche Diskussion u.a. über die Rechtsgestalt des Umweltschutzes vorerst abgeschlossen worden. Forderungen, den Umweltschutz als ein „subjektive(s) Grundrecht auf saubere oder menschenwürdige Umwelt"[76] zu verankern, stand die Auffassung gegenüber, dass sich „allgemeine Verpflichtungen zum Schutz des Lebens und der Gesundheit auch nachfolgender Generationen oder zum Schutz von 'öffentlichem Land, öffentlichen Gewässern, Ökosystemen, der Artenvielfalt und des Klimas, hinsichtlich globaler Faktoren ...` allein aus den Grundrechten nicht (auch nicht unter Berücksichtigung des Sozial-

---

71 Schmidt-Bleibtreu/Klein, Kommentar zum Grundgesetz 1999[9], Rd.Nr. 8

72 Scholz, Rupert, Kommentar zu Art. 20 a GG, in: Maunz/Dürig, Grundgesetz-Kommentar, Loseblatt-Sammlung, Band II, Art. 12 – 21, Oktober 1996, Rd.Nr. 36

73 Schulze-Fielitz, Helmuth, Kommentar zu Art. 20 a GG, in: Dreier, Horst, Grundgesetz-Kommentar, aaO., Rd.Nr. 28 f.. Jarass/Pieroth, Kommentar zu Art. 20 a GG, aaO., Rd.Nr. 2. Schmidt-Bleibtreu/Klein, aaO., Rd.Nr. 12. Scholz, Rupert, aaO., Rd. Nr. 36

74 Scholz, Rupert, aaO., Rd.Nr. 36

75 Schulze-Fielitz, Helmuth, aaO., Rd.Nr. 28. Ähnlich: Jarass/Pieroth, aaO., Rd.Nr. 2. Schmidt-Bleibtreu/Klein, aaO., Rd.Nr. 13. Scholz, Rupert, aaO., Rd.Nr. 36

76 Schulze-Fielitz, Helmuth, aaO., Rd.Nr. 5

staatsprinzips) begründen" lassen.[77] Aber auch gegen ein Staatsziel Umweltschutz im Grundgesetz sprach sich zu Beginn der 90er Jahre „die Staatsrechtslehre ganz überwiegend" aus.[78]

In der Gemeinsamen Verfassungskommission von Bundestag und Bundesrat bestand ein „parteienübergreifender Konsens, den Umweltschutz als grundlegende Staatsaufgabe verfassungsrechtlich zu verankern."[79]

3.4.1.1 Vorrang der Legislative

Als Staatszielbestimmung begründet Art. 20 a GG keine einklagbaren Umweltansprüche der BürgerInnen, sondern bindet als „unmittelbar" geltendes Verfassungsrecht alle Ebenen und „Ausformungen der Staatsgewalt".[80]

Primärer Adressat zur Umsetzung und Ausgestaltung der Staatszielbestimmung ist die Legislative.[81] Zwar „verzichtet [Art. 20 a GG] auf einen Gesetzesvorbehalt", aber er „bindet die Erfüllung seines Schutzauftrages an den 'Rahmen der verfassungsmäßigen Ordnung`, für die vollziehende Gewalt und Rechtsprechung zudem an Gesetz und Recht".[82] Der im Verfassungstext ausdrücklich ausgewiesene „Gesetzgebungsvorbehalt (nicht

---

77 Schmidt-Bleibtreu/Klein, aaO., Rd.Nr. 8. Scholz, Rupert, aaO., Rd.Nr. 20. Schulze-Fielitz, Helmuth, aaO., Rd.Nr. 5

78 Schulze-Fielitz, Helmuth, aaO., Rd.Nr. 5.
Aktueller wird kritisiert, dass die „dem Grundgesetz nachträglich aufgepfropft(e)" Staatszielbestimmung „nicht in den ursprünglichen Duktus (passt). Ihr korrespondiert eher das Bild einer appellativen und visionären Verfassung, in der sich ein jeder mit seinen Wünschen wiedererkennen soll, einer Verfassung, die Höheres anstrebt als rechtliche Wirksamkeit, die den volkskatechetischen und volkspädagogischen Ehrgeiz hat, die Bibel der Nation zu sein und die Fibel der Nation." Isensee, Josef, Podiumsdiskussion: Verantwortung für die künftigen Generationen: Wohltat oder Anmaßung?, in: Hendler, Reinhard/Marburger, Peter/Reinhardt, Michael/Schröder, Meinhard (Hg.), Die Bewältigung von Langzeitrisiken im Umwelt- und Technikrecht, Band 43, Berlin 1998, S. 173 – 197, S. 190 f.

79 Schulze-Fielitz, Helmuth, aaO., Rd.Nr. 6. Schmidt-Bleibtreu/Klein, aaO., Rd.Nr. 7. Scholz, Rupert, aaO., Rd.Nr. 19

80 Scholz, Rupert, aaO., Rd.Nr. 35. Jarass/Pieroth, aaO., Rd.Nr. 1. Schmidt-Bleibtreu/Klein, aaO., Rd.Nr. 3. Schulze-Fielitz, Helmuth, aaO., Rd.Nr. 21

81 Scholz, Rupert, aaO., Rd.Nr. 46. Jarass/Pieroth, aaO., Rd.Nr. 7 f.. Schmidt-Bleibtreu/Klein, aaO., Rd.Nr. 15. Schulze-Fielitz, Helmuth, aaO., Rd.Nr. 55

82 Schulze-Fielitz, Helmuth, aaO., Rd.Nr. 7, 37

Gesetzesvorbehalt)“ und die „ausdrückliche Nachordnung“ der Exekutive und Judikative durch die Formel „nach Maßgabe von Gesetz und Recht“, bestätige die „systematische Einordnung und Einbindung der Staatszielbestimmung Umweltschutz in die grundgesetzliche Ordnung der parlamentarischen sowie gewaltenteilenden Demokratie“.[83]

In den Beratungen der Gemeinsamen Verfassungskommission des Bundestages und Bundesrates sei „eindeutig klargestellt worden, dass die Formulierung 'nach Maßgabe von Gesetz und Recht' im Verwendungszusammenhang des Art. 20 a GG einen mit Art. 20 Abs. III GG identischen Inhalt hinsichtlich der Gesetzes- und Rechtsbindung der Exekutive und Judikative zum Ausdruck bringt.“[84] Die allgemeine Formel der *Bindung* an Gesetz und Recht in Art. 20 Abs. 3 GG betone stärker den Vorrang und Vorbehalt von Gesetz und Recht, während Art. 20 a GG mit der Formel nach *Maßgabe* von Gesetz und Recht „wesentlich auch Wert auf den (politisch-) aktualisierenden Vorrang der gesetzgeberischen Steuerungsfunktion“ lege.[85]

Hervorgehoben wird, dass die explizite Bezugnahme auf den „Maßgabe-Vorbehalt“ nur „deklaratorische“ Bedeutung habe.[86] Denn durch die Einbindung der Umwelt-Staatszielbestimmung in die Gesamtverfassung über den Terminus „verfassungsmäßige Ordnung“ werde die vorrangige Entscheidungskompetenz der Legislative bereits deutlich. Diese Formel meine „wie Art. 20 III GG das gesamte geltende formelle Verfassungsrecht“[87] und hebe sowohl den „an sich rechtsstaatlich selbstverständlichen Vorrang der Verfassung vor dem Gesetz“ hervor, als auch die „funktionale Zuweisung der Ausformung des Staatsziels an den Gesetzgeber“.[88]

Allerdings besitze die explizite Bezugnahme auf den „Maßgabe-Vorbehalt“ eine wichtige „verfassungspolitische Verdeutlichungsfunktion“.[89] Denn „sie mahnt an und schärft ein den Vorrang und den Vorbehalt des

83 Scholz, Rupert, aaO., Rd.Nr. 46. Jarass/Pieroth, aaO., Rd.Nr. 4 f.. Schmidt-Bleibtreu/Klein, aaO., Rd.Nr. 14 f.. Schulze-Fielitz, Helmuth, aaO., Rd.Nr. 37

84 Scholz, Rupert, aaO., Rd.Nr. 55

85 ebd., Rd.Nr. 56

86 ebd., Rd.Nr. 46. Schulze-Fielitz, Helmuth, aaO., Rd.Nr. 37

87 Schulze-Fielitz, Helmuth, aaO., Rd.Nr. 37. Scholz, Rupert, aaO., Rd.Nr. 50 f.

88 Scholz, Rupert, aaO., Rd.Nr. 52

89 ebd., Rd.Nr. 56

Gesetzes, damit aber die parlamentarische Gestaltungsfreiheit bzw. den politischen Primat des Gesetzgebers und die Gewaltenteilung."[90]

3.4.1.2 Der Verträglichkeitsentscheid

Die Einbindung der Umwelt-Staatszielbestimmung in die Gesamtverfassung habe aber nicht nur Konsequenzen hinsichtlich der Entscheidungskompetenzen von Legislative und Exekutive, sondern aus ihr folge zudem, dass die Umsetzung des Umwelt-Schutzauftrages „i.S. der Beachtung der Einheit der Verfassung stets auch das übrige geltende Verfassungsrecht zu berücksichtigen" habe.[91] Darin liege einerseits „eine Absage an einen generellen Vorrang von Art. 20 a GG", andererseits „zugleich der Anspruch, dass das Umweltstaatsprinzip auf die anderen Verfassungsbestimmungen und deren Auslegung einwirken kann."[92]

In der praktischen Konsequenz bedeute diese Rangordnung, dass die Anforderungen des Umweltschutzes mit denen gleichrangiger Verfassungsprinzipien und -rechtsgüter, z.B. bei der Schaffung neuer Industrieansiedlungen, in einen verhältnismäßigen Ausgleich zu bringen sind.[93]

Der „Verträglichkeitsentscheid" sei „in aller Regel von evident und genuin politischer Qualität" und als „politische Grundsatzentscheidung" Aufgabe des parlamentarischen Gesetzgebers.[94] Der „Bundestag als Repräsentativorgan"[95] mit seiner „demokratisch legitimierten Entscheidungs- bzw. das jeweils gültige 'Gemeinwohl' konkretisierenden Gestaltungskompetenz"[96] könne am ehesten den kompromisshaften Ausgleich widerstreitender Interessen in einem öffentlichen Verfahren leisten.[97]

---

90 ebd.

91 Schulze-Fielitz, Helmuth, aaO., Rd.Nr. 37. Scholz, Rupert, aaO., Rd.Nr. 46, 50

92 Schulze-Fielitz, Helmuth, aaO., Rd.Nr. 37, 38

93 ebd., Rd.Nr. 23. Jarass/Pieroth, aaO., Rd.Nr. 4. Schmidt-Bleibtreu/Klein, aaO., Rd. Nr. 14. Scholz, Rupert, aaO., Rd.Nr. 52

94 Scholz, Rupert, aaO., Rd.Nr. 47. Schmidt-Bleibtreu/Klein, aaO., Rd.Nr. 15

95 Schulze-Fielitz, Helmuth, aaO., Rd.Nr. 55

96 Scholz, Rupert, aaO., Rd.Nr. 42

97 ebd., Rd.Nr. 47, 48. Schmidt-Bleibtreu/Klein, aaO., Rd.Nr. 15. Schulze-Fielitz, Helmuth, aaO., Rd.Nr. 55. Siehe hierzu auch aktuell das Urteil des Bundesverwaltungsgerichtes vom 15.4.1999 – 3 C 25.98. Das Gericht entschied im Streit um weiträumige Verkehrsbeschränkungen, die nach Auffassung des Klägers von der Straßenverkehrsbehörde zum Schutz der Bevölkerung vor Ozonkonzentrationen vorzunehmen seien, dass die Lösung einer derartigen Konfliktsituation, in der mit-

Und „Grundsatzfragen der Bewertung von Technikfolgen oder –alternativen sowie die Gewichtung ökologischer, sozialer, wirtschaftlicher und ethischer Fragen gehören unaufgebbar zum verfassungsrechtlich gebundenen Verantwortungsbereich der parlamentarischen Volksvertretung."[98]

3.4.1.3 Umweltschutzverantwortung von Exekutive und Judikative

Art. 20 a GG wendet sich „vorrangig an den parlamentarischen Gesetzgeber und über diesen vermittelt, an die Regierungen als Gesetzesinitianten oder administrative Normsetzer".[99]

Zwar komme der vollziehenden und der rechtsprechenden Gewalt aus Art. 20 a GG eine Umweltschutzverantwortung „verfassungsunmittelbarer und damit systematisch-originärer Art" zu.[100] Doch Art. 20 a GG stelle mit dem ausdrücklich ausgewiesenen Gesetzgebungsvorrang und seiner Einbindung in die Gesamtverfassung „definitiv klar, dass die Prärogative für die Umsetzung der Staatszielbestimmung ausschließlich beim parlamentarischen Gesetzgeber liegt und dass vollziehende Gewalt und Rechtsprechung an den Vorrang (und Vorbehalt) des Gesetzes gebunden sind, ihnen also kein Mandat zu 'verfassungsunmittelbarer Umweltschutzpolitik' zusteht."[101]

Die Interpreten ziehen aus dieser Rechtskonstruktion unterschiedliche Konsequenzen.

Einerseits wird betont, dass das Handeln der Exekutive nur dann eigenständige Bedeutung erlange, „wenn und soweit ihr der Gesetzgeber entsprechend eigene Entscheidungskompetenzen erschließt bzw. belässt", z.B. im Bereich der „gesetzesfreien Verwaltung", der „Auslegung von

---

einander konkurrierende Freiheitsrechte aufeinandertreffen, die gegeneinander abzugrenzen sind, und in der gegenläufige Interessen zu einem verträglichen Ausgleich zu bringen sind, nicht auf die Exekutive übertragen werden kann, sondern Aufgabe der Legislative ist. BVerwGE, Band 109, Köln 2000, S. 29 - 40

98 Badura, Peter, Langzeitrisiko und Verfassung, in: Hendler, Reinhard/Marburger, Peter/Reinhardt, Michael/Schröder, Meinhard (Hg.), Die Bewältigung von Langzeitrisiken im Umwelt- und Technikrecht, aaO., S. 43 – 61, S. 60

99 Schulze-Fielitz, Helmuth, aaO., Rd.Nr. 55. Jarass/Pieroth, aaO., Rd.Nr. 8. Schmidt-Bleibtreu/Klein, aaO., Rd.Nr. 15. Scholz, Rupert, aaO., Rd.Nr. 46, 53 f.

100 Scholz, Rupert, aaO., Rd.Nr. 54

101 ebd., Rd.Nr. 46. Bei dieser Interpretation ist allerdings auf den ihr impliziten logischen Widerspruch hinzuweisen. Denn „Unmittelbarkeit" (durch die Verfassung) und „Gebundenheit" (an den Gesetzgeber) schließen sich gegenseitig aus.

Generalklauseln und unbestimmten Rechtsbegriffen".[102] Andererseits wird eine Orientierung an Art. 20 a GG durch Exekutive und Judikative, „ohne dass der Gesetzgeber stets schon abschließend gehandelt hat", nicht ausgeschlossen.[103]

Übereinstimmung besteht wiederum darin, dass die Gerichte die Verwaltung „nur zu kontrollieren und nicht eigene Wertungen anstelle des Gesetzgebers oder der Verwaltung zu treffen" haben.[104]

3.4.2 Auswirkungen des Art. 20 a GG auf die Grundsatzentscheidung für die Atommüll-Endlagerung

Art. 20 a GG – das macht die Interpretation des Umweltartikels im Ergebnis deutlich - begründet die Zuständigkeit des Gesetzgebers für umweltrelevante Entscheidungen durch:

1. den expliziten Gesetzgebungsvorrang,
2. die Einbindung der Staatszielbestimmung in die Gesamtverfassung. Damit wird der allgemeine Gesetzesvorbehalt (Art. 20 Abs. 3 GG) wirksam und die Gleichrangigkeit des Umweltschutzes mit anderen Verfassungsrechtsgütern begründet,
3. den Verträglichkeitsentscheid, der im Hinblick auf die Abwägung und den Ausgleich zwischen unterschiedlichen Interessen sowie Verfassungsprinzipien und -rechtsgütern Aufgabe des Parlamentes ist.

Die Entscheidung über die konzeptionelle Ausgestaltung der Atommüll-Endlagerung ist sowohl angesichts der mit ihr verbundenen weitrei-

---

102 ebd., Rd.Nr. 57. Jarass/Pieroth, aaO., Rd.Nr. 8. Schmidt-Bleibtreu/Klein, aaO., Rd. Nr. 16

103 Schulze-Fielitz, Helmuth, aaO., Rd.Nr. 62. Siehe hierzu auch Petersen, Volkert, der mit Hinweis auf entsprechende Gerichtsentscheidungen betont: „Wo es aber gilt, Gesetzeslücken durch richterliche Spruchtätigkeit zu füllen, wo es also um die Schaffung des sog. Richterrechtes geht, kann sich ein unmittelbarer judikativer Rückgriff auch auf Art. 20 a GG anbieten". Petersen, Volkert, Art. 20 a GG in der Rechtspraxis – Staatsziel Umweltschutz – Chance oder Leerformel?, Vortrag vom 7.4.2000 vor der Arbeitsgemeinschaft für Verwaltungsrecht im Deutschen Anwaltverein – Landesgruppe Nordwestdeutschland -, S. 9. Der Beitrag wird im Rahmen des Jahrbuchs des Umwelt- und Technikrechts, dessen Veröffentlichung für 2001 angekündigt ist, erscheinen.

104 Schulze-Fielitz, Helmuth, aaO., Rd.Nr. 63. Schmidt-Bleibtreu/Klein, aaO., Rd.Nr. 16

chenden Eingriffe in die Naturzusammenhänge und existentiell bedeutsamen Auswirkungen auf künftige Generationen als auch im Hinblick auf die erforderliche Abwägung zwischen den beiden Grundformen der Endlagerung im Rahmen des Art. 20 a GG vom Parlament zu treffen.

3.5 Zwischenergebnis

Bislang wurde anhand der Rechtsprechung des Bundesverfassungsgerichtes und des Art. 20 a GG die Legitimationsgrundlage des Konzepts der Nicht-Rückholbarkeit untersucht.

Nach herrschender Auffassung ist die Entscheidung für die nicht-rückholbare Endlagerung der Grundsatzentscheidung für die Atommüll-Endlagerung immanent. Im Unterschied dazu wurde im Rahmen der vom Bundesverfassungsgericht dargelegten Wesentlichkeitstheorie aufgezeigt, dass die Entscheidung über die konzeptionelle Ausgestaltung der Atommüll-Endlagerung aufgrund der mit ihr verbundenen schwerwiegenden tatsächlichen Folgen und verfassungsrechtlichen Auswirkungen Aufgabe des Parlaments ist. Diese Aufgabe kann der Verwaltung angesichts der hohen Risken, die mit der Endlagerung radioaktiver Abfälle verbunden sind, und der Ungewissheit der Folgen nicht im Rahmen eines dynamischen Grundrechtsschutzes übertragen werden. Die Konzept-Entscheidung ist vom Parlament zu treffen und hinreichend bestimmt gesetzlich festzulegen.

Durch den Verzicht auf die hinreichend bestimmte Festlegung des Endlagerkonzeptes war das Parlament gehalten, die Grundsatzentscheidung für die Atommüll-Endlagerung bei neuen Erkenntnissen und Entwicklungen hinsichtlich einer Modifikation zu überprüfen. Das ist – bezogen auf die konzeptionelle Ausgestaltung der Endlagerung - nicht geschehen. Denn sonst wäre bereits 1994 nach Inkrafttreten der Umwelt-Staatszielbestimmung (Art. 20 a GG) deutlich geworden, dass die Konzeptentscheidung aufgrund des expliziten Gesetzgebungsvorrangs in Art. 20 a GG, des impliziten Gesetzesvorbehalts (Art. 20 Abs. 3 GG) und des Verträglichkeitsentscheids auch im Rahmen des Art. 20 a GG Aufgabe des Parlaments ist.

Im Ergebnis fehlt dem Konzept der Nicht-Rückholbarkeit und damit sowohl dem Endlagervorhaben Schacht Konrad als auch dem weisungsgebundenen Genehmigungsentwurf für das Projekt die Rechtsgrundlage.

4 Das Konzept der Nicht-Rückholbarkeit in seiner atom- und verfassungsrechtlichen Relevanz

Eine Entscheidung des Bundestages über die konzeptionelle Ausgestaltung der Atommüll-Endlagerung ist nachzuholen. Es stellt sich allerdings angesichts der aufgetretenen Langzeitsicherheitsprobleme, der Tendenz zur Rückholbarkeit und der Einwände im Konrad-Verfahren die im Folgenden zu prüfende Frage, ob eine Beibehaltung des Konzepts der Nicht-Rückholbarkeit und damit eine nachträgliche Entscheidung für diese Form der Endlagerung noch gerechtfertigt erscheint.

4.1 Der Langzeitsicherheitsnachweis als Anwendungsvoraussetzung nicht-rückholbarer Endlagerung

Die Anwendung des Konzepts der Nicht-Rückholbarkeit radioaktiver Abfälle setzt den sog. Langzeitsicherheitsnachweis voraus, d.h. den Nachweis, dass die radioaktiven Abfälle bis zum Abklingen der Radioaktivität auf das normale Maß von der Biosphäre isoliert werden können. Während dieses Zeitraums dürfen keine Gefahren für Mensch und Mitwelt von der Endlagerung ausgehen. Der Nachweiszeitraum erstreckt sich im Hinblick auf die zur Endlagerung in Schacht Konrad vorgesehenen Abfälle auf eine Million Jahre.[1]

Bei der Beurteilung des Nachweises kann es nicht um die Frage gehen, ob die Ergebnisse richtig sind. Das wird sich erst in der Zukunft herausstellen. Denn die Möglichkeit der Überprüfung besteht angesichts der Unzugänglichkeit der Endlagerstätte und der langen Zeiträume nicht. Es kann daher nur um die Frage gehen, ob der Nachweis, wie er im Rahmen des Genehmigungsverfahrens für ein Endlager-Projekt vorgelegt wird, „von den Verfahrensbeteiligten und von einer möglichst großen Öffent-

---

1 Bundesamt für Strahlenschutz (BfS), Plan Endlager für radioaktive Abfälle ..., aaO., S. 100 f.

lichkeit nachvollzogen und geteilt"[2] und – das steht im Mittelpunkt der nachfolgenden Prüfung - ob er dem atomrechtlich vorgeschriebenen Stand von Wissenschaft und Technik entsprechend geführt werden kann. Dieser Frage soll im Hinblick auf die angewendeten Verfahren und Methoden und die epistemologische Belastbarkeit der Fernprognosen nachgegangen werden.

4.2 Verfahren und Methoden zum Nachweis der Langzeitsicherheit

In der Bundesrepublik sind dem Nachweis der Langzeitsicherheit die – bereits erwähnten – „Sicherheitskriterien für die Endlagerung radioaktiver Abfälle in einem Bergwerk" zugrunde zu legen, die 1983 von der Reaktorsicherheitskommission (RSK) aufgestellt, vom Bundesinnenminister rechtsverbindlich gemacht und 1988 durch die gemeinsamen Empfehlungen der Reaktorsicherheitskommission (RSK) und der Strahlenschutzkommission (SSK) modifiziert worden sind.[3] Danach ist der Langzeitsicherheitsnachweis mit der Methode der deterministischen Sicherheitsanalyse durchzuführen.[4] Diese besteht in einer „Modellierung aller Vorgänge, die Einfluß haben auf die Mobilisierung von Radionukliden im Endlager und ihren Transport vom Endlager in die Biosphäre zum Schutzgut Mensch."[5]

Die Sicherheitsanalyse wird im Hinblick darauf kritisiert, dass sie „als alleiniges Verfahren zum Nachweis der Langzeitsicherheit nicht geeignet [ist], da sie die für die Bewertung der Langzeitsicherheit notwendigen aussagekräftigen und nachvollziehbaren Ergebnisse nicht liefern kann. ... An dieser grundsätzlichen Bewertung ändern auch die neueren Modifi-

---

2 NMU (Hrsg.), Erörterungstermin, Wortprotokoll, aaO., Band 3, 25. Verhandlungstag (EÖT 25), S. 7

3 Gruppe Ökologie, Analyse der Entsorgungssituation in der Bundesrepublik, aaO., S. 141 f.. Siehe hierzu auch S. 27 f.

4 Gruppe Ökologie, Analyse der Entsorgungssituation in der Bundesrepublik, aaO., S. 139 ff.

5 ebd., S. 144. Kritisiert wird, dass im Rahmen der Sicherheitsanalyse „allein das Schutzgut Mensch betrachtet" wird. Ebd. S. 156. „Andere – ebenfalls in Gesetzen als schützenswert bezeichnete Schutzgüter – werden nicht berücksichtigt ... . Gleichfalls nicht betrachtet werden die potentiellen Auswirkungen anderer als radioaktiver Abfälle, die zusammen mit radioaktiven Abfällen endgelagert werden." Ebd.

zierungen und Entwicklungen bei der Anwendung der Sicherheitsanalyse nichts (zeitliche Begrenzung, probabilistische Ansätze, nuklidspezifische Bewertung der geologischen Barriere), da die grundlegenden Mängel nicht behoben werden und auch durch zusätzlich eingeführte Bewertungssysteme nicht kompensiert werden können."[6]

Im Rahmen der Sicherheitsanaylse kommt – neben vielen anderen Aspekten die im Rahmen dieser Untersuchung nicht aufgenommen werden können - den im Folgenden zu betrachtenden Modellrechnungen zu Grundwasserbewegungen und zum Radionuklidtransport eine besondere Bedeutung zu. Denn die Tiefenwässer sind das entscheidende Medium für den Rücktransport der Radionuklide in die Biosphäre. Ihr „letztendliches Ergebnis, nämlich die individuelle Dosisbelastung", ist für den „Nachweis der Langzeitsicherheit entscheidend".[7]

4.2.1 Modellrechnungen zu Grundwasserbewegungen und zur Radionuklidausbreitung beim Konrad-Projekt: Anforderungen und Einwände

Die Gesellschaft für Reaktorsicherheit (GRS), die als Gutachterin des Antragstellers die Modellrechnungen zum Langzeitsicherheitsnachweis des Konrad-Projektes bewertet hat, stellte 1990 fest, dass es „angesichts der Bedeutung, die den Rechenmodellen bei dem Nachweis der Langzeitsicherheit zukommt", erforderlich sei, „aufzuzeigen,

- dass das Gleichungssystem, welches die Vorgänge beschreibt, richtig implementiert ist und ausreichend genau gelöst werden kann (Verifizierung),
- dass die verwendeten Gleichungen bzw. die ihnen zugrundeliegenden Annahmen die Natur ausreichend genau beschreiben (Validierung)."[8]

Diese Voraussetzungen sind beim Konrad-Projekt nicht erfüllt. Im Erörterungstermin 1992/93 wurde – wie bereits dargelegt - eingewendet, dass die zur Berechnung der Grundwasserbewegungen und des Radionuklidtransportes eingesetzten Rechenmodelle nur bedingt verifiziert und

6 ebd., S. 158
7 *intac* Beratung, Konzepte, Gutachten zu Technik und Umwelt GmbH, aaO.,S. 24
8 ebd. S. 25

nicht validiert sind. Die Modellierung sei hinsichtlich der tatsächlichen Ausbreitungswege und –zeiten nicht aussagekräftig.[9]

Auch der Technische Überwachungsverein (TÜV) Hannover/Sachsen-Anhalt, der – wie die GRS – die Notwendigkeit der Verifizierung und Validierung betont, stellt 1994 nach einer im Auftrag des Niedersächsischen Umweltministeriums vorgenommenen Prüfung fest, dass die beim Konrad-Projekt zur Anwendung gekommenen Modelle nur bedingt verifiziert und „nicht validiert" sind.[10] Er kommt allerdings zu dem Ergebnis, dass „Schacht Konrad die Grenzwerte der Strahlenschutzverordnung deutlich unterschreitet" und dass die „Langzeitsicherheit ... belegt" ist.[11]

Die *intac* hingegen, die im Auftrag der Arbeitsgemeinschaft Schacht Konrad, einer Interessengemeinschaft gegen das Endlagerprojekt[12], den Langzeitsicherheitsnachweis im Hinblick auf Veränderungen des fachwissenschaftlichen Standes seit Beginn des Erörterungstermins 1992 begutachtet hat, hebt 1995 hervor: „Insgesamt bleibt also bis heute unklar, an welchem Ort und zu welchem Zeitpunkt die Radionuklide tatsächlich in der Biosphäre auftauchen werden. Auch die zu erwartende Konzentration an Radionukliden im Grundwasser ist unklar. Der Grund dafür liegt darin, dass die Ergebnisse aller durchgeführten Modellrechnungen allein schon wegen der fehlenden Validierung der Programme Unsicherheiten aufweisen, deren Größe bis heute nicht abgeschätzt worden ist."[13]

Der Auffassung des Antragstellers könne nicht gefolgt werden. Dieser begegnet den Mängeln der Rechenprogramme mit Hinweis auf die Konservativität der Modellrechnungen. Das wird im wesentlich damit begründet, „dass

- die Modellrechnungen mit Süßwasser durchgeführt worden sind, und dass sich bei Berücksichtigung der salinaren Tiefengrundwässer die Laufzeiten deutlich verlängern;
- die Altersbestimmung der Tiefengrundwässer auf eine sehr lange Verweildauer und eine geringe Grundwasserbewegung im tieferen Untergrund hinweisen."[14]

---

9 siehe S. 33

10 *intac* Beratung, Konzepte, Gutachten zu Technik und Umwelt GmbH, aaO., S. 25 f.

11 Salzgitter-Zeitung vom 21.1.1995

12 siehe S. 33 (Fußnote 35)

13 *intac* Beratung, Konzepte, Gutachten zu Technik und Umwelt GmbH, aaO., S. 26

14 ebd., S. 27

Der Antragsteller – so im Ergebnis die *intac* – übersehe, dass

- die Laufzeitverlängerung auf einer modellierten Laufzeit beruhe, „die ihrerseits schon wegen mangelnder Validierung einen im einzelnen unbekannten Fehler aufweist";
- der Umfang der Laufzeitverlängerung „unklar" bleibe;
- dass sich die Radiotoxizität in der Synergie mit salinarem Wasser verstärke, so dass es bei Eintritt der radioaktiven Wässer in die Biosphäre zu einer Überschreitung der Grenzwerte kommen könne;
- die Modellrechnungen im Gesamtergebnis nicht schon deshalb zwingend konservativ seien, weil konservative Einzelannahmen, wie die Modellation mit Süßwasser, in den Rechnungen getroffen worden seien.[15]

Darüber hinaus entspreche die Vorgehensweise, „verschiedene Modellierungs- und Bewertungsansätze zu einer scheinbar abgesicherten und konservativen Gesamtaussage hinsichtlich der Langzeitsicherheit" zu vermengen, „weder den methodischen Anforderungen an Nachweisverfahren für die Langzeitsicherheit ... noch dem aktuellen Stand von Wissenschaft und Technik."[16]

4.2.2 Das Problem der Validierung

Das Problem der Validierung scheint indes kein Konrad-spezifisches, sondern ein allgemeines Problem zu sein. Die Gruppe Ökologie hebt hervor, dass zwar in den 90er Jahren im Rahmen internationaler Forschungsprogramme „das Verständnis wichtiger Prozesse verbessert" worden sei, die der Grundwasserströmung und dem Radionuklidtransport zugrunde liegen. Es sei aber den „Bemühungen hinsichtlich der Validierung noch kein durchschlagender Erfolg beschieden".[17] Es müsse bezweifelt werden, ob „eine Validierung insbesondere komplexer Modelle in absehbarer Zeit überhaupt möglich ist".[18]

---

15 ebd.

16 ebd., S. 28

17 Gruppe Ökologie, Analyse der Entsorgungssituation in der Bundesrepublik, aaO., S. 153

18 ebd.

In „jüngster Zeit“ seien auch bei den „offiziellen 'Endlagergremien' (v.a. BfS, GRS) gewisse Zweifel am Wert der Sicherheitsanalyse als alleiniger Methode zum Führen des Langzeitsicherheitsnachweises aufgekommen.“[19] Es werden u.a. „die Möglichkeiten der Validierung zunehmend skeptisch“ betrachtet.[20] Das Bundesamt für Strahlenschutz habe 1995 daraus die Konsequenz gezogen, dass „Vertrauensbildung“ in die Ergebnisse der Sicherheitsanalyse „in den Vordergrund treten sollte und nicht die Validierung selbst“.[21]

Die Gesellschaft für Reaktorsicherheit (GRS) hat mit dem „d^{3}f – Programmpaket“, d.h. einem Programm zur „Modellierung von Grundwasserströmungen mit variabler Dichte“, das im Zeitraum 1994 bis 1998 mit Mitteln des Bundesministeriums für Bildung, Wissenschaft, Forschung und Technologie (BMBF) entwickelt worden ist,[22] „verschiedene Problemstellungen bearbeitet.“[23] Es sollte gezeigt werden, dass „mit den modellierten Prozessen und den zugehörigen physikalischen Randbedingungen die entsprechenden Vorgänge und Zustände in der Natur beschrieben werden können. Zu diesem Zwecke wurden mehrere Labor- und Feldexperimente, deren Komplexität bezüglich der involvierten Prozesse und der physikalischen Randbedingungen zunahm, modelliert und die Ergebnisse mit vorliegenden Messungen verglichen.“[24]

Es seien zwar „zufriedenstellende Ergebnisse“[25] erzielt worden. Aber die im Radioactive Management Glossary der IAEA „definierten Prozesse der Verifizierung und Validierung sind in der dort geforderten Strenge nicht für Grundwassermodelle anwendbar“.[26] Es könne „aus der Übereinstimmung zwischen Experiment und Modellierung keine allgemein-

---

19 ebd., S. 159

20 ebd.

21 ebd.

22 Gesellschaft für Anlagen- und Reaktorsicherheit (GRS) mbH, d3f - Ein Programmpaket zur Modellierung von Dichteströmungen, Abschlussbericht, GRS – 139, Köln 1999

23 Dies., Validierung von Einzeleffekten in Grundwassermodellen, GRS – 150, Köln 2000, S. 85

24 ebd.

25 ebd.

26 ebd., S. 86

gültige Aussage“ gewonnen werden.[27] Im „strengen Sinne kann also nur gezeigt werden, dass ein Modell falsch ist.“[28]

Im Ergebnis wird hervorgehoben: „Das Anwenden von Modellen auf Problemstellungen sollte als vertrauensbildende Maßnahmen anstelle der bisher geforderten, aber nicht machbaren Validierungsversuche“ treten.[29]

Hiergegen ist nach Auffassung der Verfasserin allerdings einzuwenden, dass auch ein möglicher Konsens über die Vertrauenswürdigkeit der Modelle ja keineswegs deren Richtigkeit im Sinne der Übereinstimmung mit der Wirklichkeit verbürgt. Konsens kann deshalb die Wirklichkeitskorrespondenz nicht ersetzen.

Eine Anfrage bei der Genehmigungsbehörde - dem Niedersächsischen Umweltministerium - im November 2000 zum Sachstand im Konrad-Verfahren ergab, dass es aus Sicht des Antragstellers, des Bundesamtes für Strahlenschutz, „keine neuen verfahrensrelevanten Erkenntnisse [gibt], die zu einer Anpassung der Antragsunterlagen führen müssten“.[30] Das Niedersächsische Umweltministerium prüft derzeit „die neuesten nationalen und internationalen wissenschaftlichen Entwicklungen auf dem Gebiet der Langzeitsicherheit von Endlagern“ und betont, dass es hierbei besonderen Wert lege auf den „aktuellen Stand beim methodischen Vorgehen, den verwendeten Modellen, Rechenprogrammen und deren Belastbarkeit. Diese Prüfung ist noch nicht vollständig abgeschlossen.“[31]

4.2.3 Stand von Wissenschaft und Technik (§ 7 Abs. 2 Nr. 3 AtG)

Eine wesentliche Voraussetzung für die Belastbarkeit des Langzeitsicherheitsnachweises ist die Anwendung verifizierter und validierter Programme zur Berechnung der Grundwasserbewegungen und des Radionuklid-

---

27 ebd.

28 ebd.

29 ebd., S. 87

30 Schreiben des Niedersächsischen Umweltministeriums an die Arbeitsgemeinschaft Schacht Konrad e.V. vom 28.11.2000. Ähnlich im Ergebnis auch eine Auskunft des Bundesamtes für Strahlenschutz vom 30.3.2001 auf eine Anfrage der Verfasserin.

31 Schreiben des Niedersächsischen Umweltministeriums vom 28.11.2000 an die AG Schacht Konrad. Ähnlich eine Auskunft des Umweltministeriums vom 29.3.2001 auf eine Anfrage der Verfasserin

transportes. Eine Validierung - insbesondere komplexer Modelle - ist jedoch derzeit sowohl international als auch im Hinblick auf die Bemühungen in der Bundesrepublik technisch nicht möglich.

Kann ein belastbarer Langzeitsicherheitsnachweis als Anwendungsvoraussetzung des Konzeptes der Nicht-Rückholbarkeit aufgrund der noch nicht möglichen Validierung der Rechenmodelle nicht geführt werden, erscheint die Genehmigung eines nicht-rückholbar geplanten Endlager-Projektes – hier des Konrad-Projektes – im Rahmen der Gefahrenabwehr und Schadensvorsorge des § 7 Abs. 2 Nr. 3 AtG, der den Stand von Wissenschaft und Technik bei der Genehmigung vorschreibt, ausgeschlossen. Denn nach der Rechtsprechung des Bundesverfassungsgerichtes „muß diejenige Vorsorge gegen Schäden getroffen werden, die nach den neuesten wissenschaftlichen Erkenntnissen für erforderlich gehalten wird. Läßt sie sich technisch noch nicht verwirklichen, darf die Genehmigung nicht erteilt werden; die erforderliche Vorsorge wird mithin nicht durch das technisch gegenwärtig Machbare begrenzt."[32]

4.3 Erkenntnis- und wissenschaftstheoretische Voraussetzungen des Langzeitsicherheitsnachweises

Die Belastbarkeit des Langzeitsicherheitsnachweises setzt neben geeigneten Verfahren und Methoden ein sicheres Prognosevermögen und dieses wiederum eine hinreichende Gewissheit der Erkenntnis voraus. Sobald der Gewissheitsgrad von Erkenntnis relativiert werden muss, könnte der Langzeitsicherheitsnachweis nicht mehr als belastbar angenommen werden.

Die Planunterlagen Schacht Konrad basieren – wie im Folgenden darzulegen ist - auf erkenntnistheoretischen Annahmen, die belastbare Fernprognosen für eine Million Jahre erlauben. Während dieses Zeitraums sollen von der Endlagerung keine Gefährdungen für Mensch und Umwelt ausgehen.[33]

---

32 BVerfGE, 49. Band, aaO., S. 136

33 siehe S. 29 f.

4.3.1 Planaussagen Schacht Konrad zur Langzeitsicherheit

Nach den Planunterlagen Schacht Konrad basieren

„Aussagen über mögliche zukünftige geologische Ereignisse ... auf der Kenntnis von Vorgängen, die sich in der geologischen Vergangenheit bis in die Gegenwart hinein abgespielt haben. Es werden solche geologischen Ereignisse deterministisch untersucht, die aufgrund ihres möglichen zukünftigen Auftretens oder aus der bisherigen Entwicklung am Standort Konrad einen Einfluß auf die Sicherheit des Endlagers besitzen können.[34]

Und weiter:

„Die geologischen Prozesse der Kreisläufe der gesteinsbildenden Stoffe laufen nach Naturgesetzen ab, die hinsichtlich ihrer zukünftigen Entwicklungen auf ein Endlager erkannt und bewertet werden müssen.

Die Komplexität dieser Prozesse und ihrer Wechselwirkungen machen es notwendig – in der Regel unter vereinfachenden konservativen Annahmen -, Modellvorstellungen zu entwickeln. Diese Vorstellungen müssen an ihrer Fähigkeit gemessen werden, auf Grund der heutigen geologischen Gesamtsituation eines Endlagerstandortes das geologische 'Gestern` zu erklären.

Da letzteres sich über viele Millionen Jahre erstrecken kann, berechtigen am 'Gestern` getestete Modellvorstellungen Prognosen über den Kreislauf der gesteinsbildenden Stoffe unter Einbeziehung der Veränderungen durch die eingelagerten Schadstoffe. Der Prognosezeitraum ist abhängig vom betrachteten geologischen Prozeß und kann sich nach heutiger Erkenntnis auf bis zu etwa 1 Mio. Jahre erstrecken. ...[35]

Den Planunterlagen liegt die Annahme zugrunde, dass die geologischen Prozesse durch Naturgesetze determiniert sind. Das Wissen um diese Gesetzlichkeiten lässt belastbare Fernprognosen für einen Zeitraum von einer Million Jahren zu.

Diese Auffassung basiert auf dem Verständnis, dass der Mensch der Natur als distanzierter Beobachter gegenübersteht. Er isoliert aus der Komplexität der Naturzusammenhänge einzelne Ursache-Wirkungs-Ketten. Aus der Kenntnis der einzelnen kausalen Anfangsbedingungen in der

---

34 Bundesamt für Strahlenschutz (BfS), Plan Endlager für radioaktive Abfälle ..., aaO., S. 46

35 ebd., S. 100

Vergangenheit werden linear die Endbedingungen in der Zukunft extrapoliert und unter Anwendung mathematischer Methoden dargestellt.

In den Planunterlagen Schacht Konrad wird zwar die Komplexität der Wirkungen und Wechselwirkungen (z.B. zwischen den radioaktiven Abfällen und dem Wirtsgestein) und damit die Möglichkeit nicht-linearer und nicht prognostizierbarer Prozesse verbal anerkannt. Es wird jedoch nicht dem damit verbundenen nur hypothetischen Charakter naturwissenschaftlicher Theorien Rechnung getragen.[36]

Im Gegenteil. Das komplexe Naturgeschehen wird unter Ausblendung von Wirkungs-, Rückwirkungs- und Aufschaukelungsprozessen auf vereinfachte Modellvorstellungen, und das kann – wie bereits betont - nur bedeuten: auf lineare Ursache-Wirkungs-Ketten bei isolierten Aspekten, reduziert. Die so erfassten Teil-Wirklichkeiten und darin festgestellte Naturgesetzlichkeiten werden Ausdruck der Gesamt-Wirklichkeit. Die Naturgesetze dienen als Erklärung der Phänomene der Vergangenheit und Gegenwart. Das Wissen über diese Gesetzlichkeiten und die Kenntnis standortspezifischer Randbedingungen lässt Erkenntnis zur Gewissheit und Fernprognosen belastbar werden.

Die dargelegten erkenntnistheoretischen Grundannahmen des Langzeitsicherheitsnachweises Schacht Konrad berechtigen zu der Annahme,

---

36 Entgegen der Auffassung, dass eine „genaue Kenntnis des augenblicklichen Zustands der Welt in Verbindung mit einer exakten Kenntnis der Naturgesetze zu einer scharfen Bestimmung aller zukünftigen Ereignisse" berechtige, betont Hans-Peter Dürr mit Hinweis auf die Ergebnisse der modernen Physik, dass der „Wahrscheinlichkeitscharakter von physikalischen Aussagen nicht allein von der subjektiven Unkenntnis herrührt, sondern dem Naturgeschehen selbst eingeprägt ist. Eine noch so genaue Beobachtung aller Fakten in der Gegenwart reicht prinzipiell nicht aus, um das zukünftige Geschehen vorherzusagen, sondern eröffnet nur ein bestimmtes Feld von Möglichkeiten, für deren Realisierung sich bestimmte Wahrscheinlichkeiten angeben lassen. Das zukünftige Geschehen ist also nicht mehr determiniert, nicht festgelegt, sondern bleibt in gewisser Weise offen." Und er zieht daraus die Konsequenz: „Eine Extrapolation in die Zukunft ist prinzipiell nicht möglich." Dürr, Hans-Peter, Das Netz des Physikers, Naturwissenschaftliche Erkenntnis in der Verantwortung, München, Wien 1988, S. 35 f., S. 40. S. hierzu auch Altner, Günter, Naturvergessenheit, Grundlagen einer umfassenden Bioethik, Darmstadt 1991. Prigogine, Ilya, Die Wiederentdeckung der Zeit, Naturwissenschaft in einer Welt begrenzter Vorhersagbarkeit, in: Dürr, Hans-Peter/Zimmerli, Walther Ch. (Hg.), Geist und Natur, Über den Widerspruch zwischen naturwissenschaftlicher Erkenntnis und philosophischer Welterfahrung, Bern, München, Wien 1989, S. 47 - 60

dass sie – wie im Folgenden zu begründen ist – auf der Theorie des klassischen Empirismus basieren.

4.3.1.1 Empiristische Grundannahmen des Langzeitsicherheitsnachweises

Der klassische Empirismus wurde zum Modell der klassischen Physik, nachdem er im 17. Jahrhundert von Francis Bacon entwickelt und von David Hume und anderen rezipiert worden war.

Die Herrschaft über die Natur sollte nach Bacon durch die Erkenntnis von Naturgesetzen erreicht werden. Die Naturgesetze werden durch wiederholte Beobachtungen und die Wahrnehmung regelmäßig miteinander verknüpfter Ereignisse gewonnen. Von vielen Einzelereignissen wird auf das dahinter liegende Allgemeine geschlossen. Diese Methode bezeichnete Bacon als die sogenannte „Inductionsmethode".[37]

Die Zuordnung der erkenntnis- und wissenschaftstheoretischen Voraussetzungen des Langzeitsicherheitsnachweises zur Theorie des klassischen Empirismus wird auch bestätigt durch Aussagen des Ende der 80er Jahre zuständigen Pressesprechers des Bundesamtes für Strahlenschutz. Er hebt im Rahmen einer auf das Konrad-Projekt bezogenen – im Erörterungstermin zu Schacht Konrad zitierten – Korrespondenz hervor, dass „der Physiker" danach strebt, „aus Beobachtungen der Natur oder anhand von Experimenten, also aus Beobachtungen in der 'Sinneswelt' des Experimentators, ... die von menschlichen Einflüssen unabhängigen Gesetzmäßigkeiten der realen Welt zu isolieren."[38] Und weiter: „Auch künftig wird es sicherlich Erkenntnisse geben, die völlig neue Betrachtungsweisen erfordern, sie werden jedoch nicht im Widerspruch zu den gegenwärtigen Erkenntnissen stehen."[39]

---

37 Bacon, Francis, Neues Organ der Wissenschaften, Darmstadt 1981, Nachdruck der Leipziger Ausgabe von 1830, S. 79, 28. f.

38 NMU (Hrsg.), Erörterungstermin, Wortprotokoll, aaO., Band 3, 27. Verhandlungstag (EÖT 27), S. 3

39 ebd., S. 8

4.3.1.2 Das Induktionsproblem im klassischen Empirismus

David Hume hat im 18. Jahrhundert das logische Problem des von Bacon begründeten Induktionsverfahrens erkannt, das darin besteht, dass

1. die gesetzmäßige Verallgemeinerung, der sog. Induktionsschluss, notwendigerweise nur aufgrund einer endlichen Zahl von Sinnesdaten vorgenommen werden kann. Es wird jedoch universale Geltung für eine unendliche Zahl von Fällen, insbesondere auch für alle Fälle der Zukunft, beansprucht. Diese logische Kluft bleibt unüberbrückbar.
2. Das Induktionsprinzip, mit dessen Hilfe die Verallgemeinerung vorgenommen wird, ist empirisch nicht wahrnehmbar. Wäre es empirisch wahrnehmbar, so hätte es teil an der grundsätzlichen Gleichwertigkeit alles Wahrnehmbaren. Man bräuchte also erneut ein Prinzip zur Identifizierung des substantiellen Charakters des Induktionsprinzips. Die Folge wäre in logischer Hinsicht ein infiniter Regress.

David Hume hat die regelmäßige Verknüpfung zweier Ereignisse und damit die Erkenntnis der Naturgesetzlichkeit in den Bereich der psychologischen Gewöhnung und des irrationalen Glaubens verlegt.[40] Gleichwohl wurde die Theorie des klassischen Empirismus von ihm nicht aufgegeben.

Im Folgenden soll das Induktionsverfahren hinsichtlich seiner Gültigkeit im Rahmen moderner Erkenntnis- und Wissenschaftstheorie geprüft werden. Der Prüfung werden zwei Ansätze zugrunde gelegt, die aus der Reflexion der erkenntnis- und wissenschaftstheoretischen Voraussetzungen der Naturwissenschaften entstanden sind. Diese Begrenzung erfolgt zum einen in der Absicht, den Naturwissenschaften in ihrem Selbstverständnis gerecht zu werden. Zum anderen wird davon ausgegangen, dass der Langzeitsicherheitsnachweis nicht-rückholbarer Endlagerung dann als gerechtfertigt angenommen werden kann, wenn er den erkenntnis- und wissenschaftstheoretischen Voraussetzungen entspricht, die in den Naturwissenschaften als dem Stand der Wissenschaft entsprechend, akzeptiert werden.

---

40 Hume, David, Eine Untersuchung über den menschlichen Geist, Stuttgart 1982^2, S. 100 f.

4.3.2 Das Induktionsproblem im Kritischen Rationalismus

In der neuzeitlichen wissenschaftstheoretischen Diskussion knüpfte Karl Popper, der Begründer des Kritischen Rationalismus, an die von Hume herausgearbeiteten Aporien der Induktionsmethode an.

Für Popper ist die Induktion als eine die Wahrheit oder doch wenigstens die Wahrscheinlichkeit garantierende Methode „ein Märchen".[41] Denn logisch – und das hatte ja bereits Hume zugestanden – gibt es keinen Weg von einer endlichen Zahl von Einzelfällen zu der unendlichen Zahl der gesamten Klasse dieser Fälle. Humes psychologische Lösung, diese Methode trotzdem aufgrund von Wiederholung und Gewöhnung zu rechtfertigen, wird als irrationaler Glaube von Popper abgelehnt.[42]

Gegen die empiristische Annahme von der unmittelbaren Erfahrungsbasis des Wissens wendet Popper ein, dass es keine theoriefreie unmittelbare Erfahrung der Wirklichkeit gibt. Alle Erkenntnis ist „theoriegetränkt".[43] Jede Beobachtung wird bereits im Licht von theoretischem Hintergrundwissen vorgenommen, das psychologisch oder auch genetisch a priori ist und das unser Bewusstsein und unsere Beobachtungsbereitschaften steuert.[44]

4.3.2.1 Die Methode der Falsifikation

Poppers Lösung des Induktionsproblems liegt in seinem deduktiv-hypothetischen Falsifikationismus. Analog zur biologischen Evolution verfährt die Wissenschaft nach dem Schema von Versuch, Irrtum und besserem Versuch. Sie stellt zur Lösung eines gegebenen Problems vorläufige Theorien auf und bemüht sich ernsthaft, diese zu widerlegen. Ziel ist es, zu neuen, leistungsstärkeren Theorien zu gelangen, in denen die Fehler der alten beseitigt worden sind. „Die Methode der Wissenschaft ist die Methode der kühnen Vermutungen und der sinnreichen und ernsthaften Versuche, sie zu widerlegen."[45]

---

41 Popper, Karl R., Objektive Erkenntnis, Hamburg 1974², S. 36
42 ebd., S. 16 f., 110, 116
43 ebd., S. 85 f.
44 ebd.
45 ebd., S. 95

Theorien können nach Popper an der realen Außenwelt scheitern. Grund dafür ist die logische Asymmetrie zwischen Verifikation und Falsifikation. Während eine noch so große Zahl endlicher singulärer Beobachtungen nicht ausreicht, um eine allgemeine Theorie oder ein universelles Gesetz endgültig zu verifizieren, reicht zu ihrem Scheitern ein Gegenbeispiel. Hierzu bedürfe es nur eines einzigen theoriekonträren Beispiels. Das beruhe auf der „logische(n) Äquivalenz zwischen allgemeinen Sätzen und Negationen von Existenzsätzen".[46] Wenn, betont Popper, auch „unseren Theorien weder Wahrheit noch Wahrscheinlichkeit" zugeschrieben werden kann, so ist doch das Gegenteil, „ihre Falschheit" beweisbar.[47]

An das Falsifikationsverfahren sind strenge Maßstäbe anzulegen. Singuläre Folgesätze, aus Gesetzesannahmen und spezifischen Randbedingungen deduziert, sind aktiv zu widerlegen und dürfen nicht immunisiert werden. In diesem Prüfverfahren ist eine Theorie anderen vorzuziehen, wenn nicht nur ihr Wahrheitsgehalt mindestens gleich groß ist, sondern gleichzeitig ihr Falschheitsgehalt nach sorgfältiger Prüfung geringer.[48] Eine Theorie, die falsifiziert ist, kann „als nützlich beibehalten werden .... Doch eine widerlegte Theorie ist nicht wahr."[49] Besteht sie den Test, kann sie bis auf weiteres als bewährt gelten, ohne dass sie jedoch ihren hypothetischen Charakter verliert. Denn Wahrheit kann generell keine Theorie für sich in Anspruch nehmen, bestenfalls „eine bessere Annäherung an die Wahrheit ... als die alte."[50]

4.3.2.2 Evolutionstheoretische Voraussetzungen von Erkenntnis

Popper verweist auf den engen Zusammenhang zwischen der biologischen Evolution und der Evolution des menschlichen Erkenntnis- und Sprachvermögens. Die Entwicklung des geistigen Apparates des Menschen und der deskriptiven und argumentativen Sprachfunktionen sind als Anpassungsleistungen an die natürliche Umwelt anzusehen.[51] Gerhard Vollmer, der ebenfalls der kritisch-rationalistischen Schule zuzu-

46 ebd., S. 390
47 ebd., S. 292
48 ebd., S. 26, 96
49 ebd., S. 83
50 ebd., S. 96
51 ebd., S. 86, 271 f., 311

rechnen ist, kleidet diese Position in die Worte: „Unser Erkenntnisapparat ist ein Ergebnis der Evolution. Die subjektiven Erkenntnisstrukturen passen auf die Welt, weil sie sich im Laufe der Evolution in Anpassung an diese reale Welt herausgebildet haben. Und sie stimmen mit den realen Strukturen (teilweise) überein, weil nur eine solche Übereinstimung das Überleben ermöglichte."[52]

Die Wechselwirkungen von natürlicher Umwelt und der Entwicklung des Erkenntnisapparates sowie der Sprachfähigkeit sind der Grund dafür, dass es eine enge Beziehung zwischen Erkenntnis- und Tatsachenwelt gibt. Sie sind auch der Grund dafür, dass es apriorisches Wissen und apriorische Erwartungen gibt. Das erklärt sich daraus, dass die „Strukturen der Erkenntnis ... phylogenetisch erworben sind."[53] Sie sind zwar „unabhängig von aller Erfahrung des Individuums, demnach ontogenetisch a priori, aber doch nicht unabhängig von aller Erfahrung, sondern sie mussten sich im Laufe der Evolution an der Erfahrung bewähren, sind also phylogenetisch a posteriori."[54]

Dass der Mensch bislang überlebt hat, zeigt, dass seine Anpassungsfähigkeit an die Umweltbedingungen bislang funktioniert hat.[55] Dabei ist die Anpassung an die Umwelt niemals ideal. Über Popper hinausgehend hebt Vollmer hervor, dass der „Erkenntnisapparat ... nur den Bedingungen gerecht [werde], unter denen er sich entwickelt hat."[56] Dabei kann er bereits in dieser „Welt der mittleren Dimensionen ... bei ungewohnten Erscheinungen zu Fehlleistungen" führen, während er in „ungewohnten Dimensionen", gemeint sind der „Mikro- und Megakosmos", versagt.[57]

Wegen der Begrenzung auf den Lebensraum des Menschen und der selten optimalen Passung ist - trotz der grundsätzlich zu postulierenden

52 Vollmer, Gerhard, Evolutionäre Erkenntnistheorie, Stuttgart 1994^{6}, S. 102 f.

53 ebd., S. 133

54 ebd.

55 Popper, Karl R., aaO., S. 268

56 Vollmer, Gerhard, aaO., S. 118

57 ebd., S. 118. Beispielhaft wird auf die tiefgehende Kritik der Quantentheorie an den „Kategorien Substanz und Kausalität" verwiesen und hervorgehoben, dass der Zerfall eines Teilchens zwar nach (stochastischen) Gesetzen erfolge, aber „dass und warum es gerade jetzt zerfällt, kann die Quantentheorie nicht voraussagen oder erklären." Ebd.

Übereinstimmung zwischen Erkenntnis und Wirklichkeit - alle Erkenntnis nur hypothetisch.[58]

4.3.2.3 Der Wandel von zeitlos gültigen Naturgesetzen zu vorläufig bewährten Hypothesen

Die Auseinandersetzung Poppers mit dem Induktionsproblem führt zu einer Falsifikation der Theorie des klassischen Empirismus.

Ähnlich auch Vollmer, der den „Hypothesecharakter aller Wirklichkeitserkenntnis"[59] hervorhebt. Im Ergebnis ist es unmöglich, zu einer zeitunabhängigen, vollständigen Verifikation zu gelangen, bestenfalls zu einer einstweiligen Bestätigung und Bewährung theoretischer Annahmen.

Wissenschaftliche Aussagen und komplexe naturwissenschaftliche Theorien – im Verständnis des klassischen Empirismus Naturgesetze – haben daher den Charakter vorläufiger, zeitabhängiger Hypothesen, die durch das Eintreten zukünftiger konträrer Ereignisse widerlegt werden können.

Diese Einsicht setzt voraus, dass wissenschaftliche Theorien überprüfbar und revidierbar sein müssen. Daraus folgt für die Konzeption der Nicht-Rückholbarkeit radioaktiver Abfälle, dass z.B. die Annahmen über die Rückhaltefähigkeit der geologischen Formationen und – im hydrogeologischen Bereich – die Laufzeiten und Ausbreitungswege der Tiefenwässer strengen und ständigen Tests ausgesetzt werden müssen, und dass sie fallibel sind.

Diese Voraussetzungen können bei der nicht-rückholbaren Endlagerung nicht erfüllt werden. Denn die Langzeitsicherheitsannahmen können aufgrund der Unzugänglichkeit der Endlagerstätte nicht aktiv getestet werden. Auch kann – angesichts des Katastrophenpotenzials der Abfälle – ihre Falsifikation nicht ernsthaft erwogen werden. Faktisch werden die Langzeitsicherheitsannahmen im Glauben an zeitlos wahre wissenschaftliche Erkenntnis immunisiert. Es wird angesichts der Sicherheitsgarantien im Plan Konrad nicht unterstellt, dass die Planannahmen fehlbar sein und in der Zukunft falsifiziert werden könnten.

---

58 ebd., S. 134, S. 188

59 ebd., S. 188

4.3.3 Paradigmenwechsel als Ausdruck zeitabhängiger Erkenntnis

Im Unterschied zu Popper untersucht Thomas S. Kuhn die Naturwissenschaften nicht hinsichtlich der Logik ihrer Verfahren, sondern er untersucht die Geschichte der Naturwissenschaften. Kuhn vertritt – wie Popper – die Zeitabhängigkeit wissenschaftlicher Annahmen, wendet sich aber gegen Poppers Falsifikationsmethode. Nach Kuhn gibt es zu jeder Theorie Widersprüche, die aber nicht dazu führen, dass eine Theorie sofort hinfällig wird. Die Vergleichsinstanz wissenschaftlicher Theorien ist nicht die „bewußtseinsunabhängige(..), strukturierte(..) und zusammenhängende(..) Welt", wie Vollmer es formuliert,[60] sondern der wissenschaftliche Konsens einer Zeit.

Die Zeitabhängigkeit und damit Vorläufigkeit menschlicher Erkenntnis und wissenschaftlicher Aussagen und Theorien wird von Kuhn in Abhängigkeit von Weltbildern begründet. Erfahrungen und Beobachtungen werden gelenkt und geleitet von den herrschenden Grundeinstellungen einer Zeit, von sogenannten „Paradigmata".[61] Darunter versteht Kuhn ein „disziplinäres System"[62] von theoretischen Überzeugungen kosmologischer, anthropologischer, metaphysischer Art, in die die wissenschaftlichen Ergebnisse eingebettet und von denen sie nicht zu trennen sind. Solche Paradigmen basieren auf dem Konsens der Fachwissenschaftler einer bestimmten Zeit.[63] „Wie bei politischen Revolutionen gibt es auch bei der Wahl eines Paradigmas keine höhere Norm als die Billigung durch die jeweilige Gemeinschaft."[64]

Unter der Leitung eines Paradigmas werden überhaupt erst bestimmte Erfahrungsdaten als relevante wissenschaftliche Tatsachen konstituiert.[65] Paradigmen entscheiden darüber, „welche Entitäten das Universum bevölkern".[66] Das bedeutet, dass es „keine theorieunabhängigen Erfahrungs- und Beobachtungsdaten gibt, die sich ontologisch selbständig und

60 Vollmer, Gerhard, aaO., S. 188

61 Kuhn, Thomas S., Die Struktur wissenschaftlicher Revolutionen, Frankfurt am Main 1978[3], S.25

62 ebd., S. 194

63 ebd., S. 33 f., 57

64 ebd., S. 106

65 ebd., S. 30

66 ebd., S. 21

epistemologisch neutral gegenüber konkurrierenden Theorien verhalten."[67]

Kuhn unterscheidet Phasen der normalen und der außerordentlichen Wissenschaft. Im Rahmen der normalen Wissenschaft werden immer bestehende Widersprüche zum herrschenden Paradigma als Rätsel aufgefasst, die nach ihrer Lösung in das Paradigma eingegliedert werden.[68] Widersprüche führen nicht – wie bei Popper – zur Falsifikation, sondern der Glaube an die Lösbarkeit der Rätsel, an die Integrierbarkeit der Anomalien, fordert den Wissenschaftler heraus, das noch verbleibende Rätsel zu lösen. Er ist, soweit er sich „mit normaler Wissenschaft befasst, ... ein Rätsellöser, kein Paradigmaprüfer."[69]

Gerät das herrschende Paradigma angesichts signifikanter Anomalien, die sich gegen eine widerspruchsfreie Eingliederung in das Paradigma auf Dauer sperren, in eine „Krise", bricht die Zeit der außerordentlichen Wissenschaft an, in der sich Kandidaten für ein neues Paradigma entwickeln.[70]

Die Durchsetzung eines neuen Paradigmas bedarf „allerdings manchmal einer ganzen Generation".[71] Denn die „Übertragung der Bindung von einem Paradigma auf ein anderes ist eine Konversion, die nicht erzwungen werden kann. Lebenslanger Widerstand, besonders von solchen, deren produktive Laufbahn sie einer älteren Tradition verpflichtet hat", ist nach Meinung Kuhns „unvermeidlich und legitim".[72] Denn ihre Gewissheit, dass das „ältere Paradigma letztlich alle seine Probleme lösen werde", muss nicht nur ein Zeichen von Starrköpfigkeit sein.[73] Sie ist im System der normalen Wissenschaft selbst begründet, die Anomalien zunächst einmal als lösbare Rätsel versteht. Letztendlich aber geschehen Konversionen „eine um die andere, bis dann, nachdem die letzten Wider-

---

67 Babke, Hans-Georg, Theologie in der Universität aus rechtlicher, theologischer und wissenschaftstheoretischer Perspektive, Frankfurt am Main; Berlin; Bern; Bruxelles; New York; Wien 2000, S. 185

68 Kuhn, Thomas S., aaO., S. 52 ff., S. 93

69 ebd., S. 155

70 ebd., S. 103, 155

71 ebd., S. 163

72 ebd., S. 162 f.

73 ebd., S. 162

standleistenden gestorben sind, die gesamte Fachwissenschaft wieder unter einem einzigen, allerdings nunmehr anderen Paradigma arbeitet."[74]

4.3.4 Verifikation kontra Falsifikation: Divergenzen zwischen Kuhn und Popper

Der Vergleich zwischen Popper und Kuhn zeigt im Hinblick auf den Status wissenschaftlicher Aussagen und Theorien erhebliche Divergenzen.

So führen bei Kuhn theorie- oder paradigmakonträre Gegenbeispiele in der Regel nicht zur Falsifikation eines Paradigmas, sondern allenfalls zur Qualitätsveränderung oder Modifizierung seines Anwendungsbereiches und damit letztendlich auch zur Immunisierung des herrschenden Interpretationsmodells. Die Geltung des Paradigmas selbst wird nicht in Frage gestellt. Theorien werden im Rahmen des Paradigmas verifiziert mit dem Ziel, die bestehenden Widersprüche im Paradigma zu lösen, das Paradigma selbst jedoch zu erhalten. Auf Dauer resistente Widersprüche führen schließlich dann doch zur Falsifikation des herrschenden Paradigmas, gleichzeitig aber auch zur Verifikation des neuen, dem dann wiederum – aufgenommen in die „normale" Wissenschaft – das Rätselraten immanent ist.

Bei Popper hingegen ist eine Verifikation von Theorien ausgeschlossen. Theorien werden nicht relativ zu einem Weltbild bzw. Paradigma als falsch erwiesen. Wenn sie widersprüchlich sind, scheitern sie auch nicht am Konsens der WissenschaftlerInnengemeinde, sondern – und hier genügt ein aus der Gesetzesannahme deduzierter singulärer Prüfsatz – an der Wirklichkeit. Im Scheitern von Theorien – so Popper – kommt es zum „Kontakt mit der 'Wirklichkeit'. Die Widerlegung unserer Irrtümer ist die 'positive' Erfahrung, die wir aus der Wirklichkeit gewinnen."[75] Dabei soll in dem hier zu erörternden Zusammenhang die sich aufdrängende Frage ausgeblendet werden, ob die Testinstanz zur Zeit unproblematische Aussagen sind, die dann wohl im „Lichte konventioneller Übereinkunft" zu betrachten wären, oder ob es die Wirklichkeit ist.[76]

74 ebd., S. 163

75 Popper, Karl R., aaO., S. 389

76 Kritisch hierzu s. Babke, Hans-Georg, aaO., S. 146 ff.

Trotz der erheblichen Divergenzen zwischen den Positionen von Popper und Kuhn konvergieren sie jedoch im Hinblick auf die Zeitabhängigkeit und Geschichtlichkeit als konstitutive Bedingungen aller, d.h. auch naturwissenschaftlicher Erkenntnis. Einzelne wissenschaftliche Aussagen oder die Gesamtmenge wissenschaftlicher Aussagen können sich zu einem späteren Zeitpunkt entweder durch einfache Falsifikation oder durch wandelnde Konventionen in ihrem Aussagegehalt verändern. Sie sind grundsätzlich überholbare, revidierbare Hypothesen.

4.3.5 Stand von Wissenschaft und Technik (§ 7 Abs. 2 Nr. 3 AtG)

Im Ergebnis macht die Untersuchung der Ansätze von Popper und Kuhn deutlich, dass die erkenntnis- und wissenschaftstheoretischen Annahmen des klassischen Empirismus (zeitlos gültige Naturgesetze, lineare Extrapolation vergangener Zustände in die Zukunft, belastbare Fernprognosen) überholt sind. Sie sind weder in logischer Hinsicht noch aus wissenschaftshistorischer Perspektive in Einklang mit dem neuen erkenntnis- und wissenschaftstheoretischen Verständnis der Zeitabhängigkeit und Überholbarkeit wissenschaftlicher Annahmen zu bringen.

Der Langzeitsicherheitsnachweis für das Endlagerprojekt Schacht Konrad liegt in seiner erkenntnis- und wissenschaftstheoretischen Grundlegung „noch ganz und gar auf der Ebene des platten Empirismus und Positivismus, der für das 19. Jahrhundert kennzeichnend war“.[77] Er entspricht nicht dem atomrechtlich vorgeschriebenen Stand der Wissenschaft. Eine Genehmigung der nicht-rückholbaren Endlagerung in Schacht Konrad ist im Rahmen des § 7 Abs. 2 Nr. 3 AtG unvertretbar.

Im Hinblick auf die Zeitabhängigkeit, Geschichtlichkeit und Fehlbarkeit wissenschaftlicher Aussagen und Aussagensysteme wird – losgelöst vom Konrad-Projekt – deutlich, dass die Voraussetzung für eine nicht-rückholbare Endlagerung, die Belastbarkeit von Fernprognosen, vor dem Hintergrund des prinzipiell begrenzten Erkenntnis- und Prognosevermögens generell nicht erfüllt werden kann. Ein Langzeitsicherheitsnachweis, der dem Stand der Wissenschaft entspricht, kann nicht geführt werden.

---

77 NMU (Hrsg.), Erörterungstermin, Wortprotokoll, aaO., Band 3, 27. Verhandlungstag (EÖT 27), S. 10

Eine nicht-rückholbare Endlagerung kann angesichts der Unzugänglichkeit der Endlagerstätte weder – dem Ansatz Poppers folgend – hinsichtlich der mit ihr verbundenen Annahmen immer wieder neu überprüft und ggf. falsifiziert werden, noch kann sie – nach Kuhn - einer anderen paradigmatischen Sicht weichen. Stellt sich aber ihr Scheitern heraus, wird es angesichts der damit verbundenen – bereits mehrfach dargelegten – existentiell bedeutsamen Auswirkungen für künftige Generationen insbesondere in der Endlagerregion zu spät sein.

Kritische WissenschaftlerInnen jedoch – so Popper – „versuchen, ihre falschen Theorien auszumerzen, sie versuchen, diese an ihrer Stelle sterben zu lassen. Der Glaubende dagegen ... geht mit seinem falschen Glauben zugrunde.“[78] Bleibt - im Hinblick auf das Gefährdungspotenzial nicht-rückholbarer Endlagerung – noch hinzuzufügen: Und mit ihm andere.

4.4 Die Generationenverantwortung im Rahmen der Umwelt-Staatszielbestimmung (Art. 20 a GG)

Mit der Entscheidung über die konzeptionelle Ausgestaltung der Atommüll-Endlagerung ist angesichts des besonderen Gefährdungspotenzials der Abfälle und der langen Gefährdungszeiträume untrennbar die Frage der Generationenverantwortung verbunden. Die Generationenverantwortung hat – darauf wurde bereits hingewiesen – über ihre ethische Dimension hinaus in der Umwelt-Staatszielbestimmung (Art. 20 a GG) Rechtsrelevanz erhalten: „Der Staat schützt auch in Verantwortung für die künftigen Generationen die natürlichen Lebensgrundlagen ...“.

Aufgrund des nicht belastbaren Langzeitsicherheitsnachweises und des damit verbundenen Risikopotenzials soll im Folgenden die Frage geprüft werden, ob eine Entscheidung für das Konzept der Nicht-Rückholbarkeit radioaktiver Abfälle mit Art. 20 a GG vereinbart werden kann. Wesentlich für die Beantwortung dieser Frage ist die Interpretation des unbestimmten Rechtsbegriffs der Verantwortung in Art. 20 a GG. Daher steht die Frage, welche Bedeutung die Verantwortung im Rahmen des Art. 20 a GG hat, wer im Zentrum der Verantwortung steht, wie sie wahrzunehmen ist, welche Kriterien anzuwenden sind und mit welchen

78 Popper, Karl R., aaO., S. 140

Konsequenzen die Verantwortung verbunden ist, im Vordergrund der darzulegenden Verfassungsinterpretation.

Die Aufnahme der Umwelt-Staatszielbestimmung in die Verfassung – darauf wurde ebenfalls bereits hingewiesen – war Ergebnis eines jahrelangen politischen Diskurses. Der Diskurs war begleitet von einer ethischen Diskussion insbesondere im Bereich der praktischen Philosophie.[79] Das wird auch an der Auslegung von Art. 20 a GG deutlich. Es wird hervorgehoben, dass Art. 20 a GG „Ansätze zu einer Ethik der Zukunftsverantwortung zu verrechtlichen" suche.[80]

Vor diesem Hintergrund wird die Interpretation des Art. 20 a GG rückgebunden an die ethische Diskussion. Insbesondere, um möglicherweise größere Klarheit hinsichtlich des Verantwortungsbegriffs zu bekommen. Die Ethik erhält damit eine heuristische Funktion für eine qualifizierte Interpretation des Verfassungsartikels. Vermittelt darüber werden die ethischen Kriterien fruchtbar gemacht für die Beantwortung der Frage, ob die Nicht-Rückholbarkeit mit dem Verfassungsartikel kompatibel ist.

4.4.1 Der prospektive Verantwortungsbegriff in Art. 20 a GG

Art. 20 a GG liegt ein prospektiver Verantwortungsbegriff zugrunde, der den in der Rechtstradition bislang vorherrschenden retrospektiven Begriff der Verantwortung (Haftung) übersteigt. Es geht nicht nur um die nachträgliche Haftung für bereits eingetretene Schäden, sondern Verantwortung im Rahmen des Art. 20 a GG bedeutet auch die Übernahme der Verantwortung für die Folgen einer erst beabsichtigten Handlung, von denen möglicherweise auch künftige Generationen betroffen sind. In die-

79 Signifikantes Beispiel dafür ist die Veröffentlichung von Hans Jonas, Das Prinzip Verantwortung, erstmalig erschienen im Jahre 1979.

80 Schulze-Fielitz, Helmuth, aaO., Rd.Nr. 31. Der Verfasser hebt die „zentrale Herausforderung" hervor, die in der „verfassungsrechtlichen Aktualisierung [liege], auf die Nutzung der natürlichen Umwelt um einer unabsehbaren, die eigene Lebensdauer überschreitenden Perspektive willen einseitig zu verzichten". Ebd. Er sieht darin eine Überforderung der Verfassungsbürger der Gegenwart. Ebd.. Offen bleibt allerdings, woher diese Gewissheit genommen wird, denn die Einschätzung wird nicht begründet.

sem Sinne ist der Generationenverantwortung das Vorsorgeprinzip immanent.

Allerdings wird der präventive Charakter der Umwelt-Staatszielbestimmung im Hinblick auf die Risikovorsorge unterschiedlich interpretiert.

Einerseits wird betont, dem „Entstehen von Umweltbelastungen soll umfassend vorgebeugt werden, unabhängig davon, ob ein konkretes Gefahrenpotential belegbar ist.“[81] Das Prinzip der Vorsorge solle „erfahrungs- und gefahrenunabhängig auch dann zum Zuge kommen, wenn es um Risiken oder bloße Verdachtslagen unterhalb der Gefahrenschwelle geht.“[82] Im Unterschied dazu wird zurückhaltender hervorgehoben, die Pflicht zur Risikovorsorge könne „nur und erst dann zur verbindlichen Staatsaufgabe werden, wenn der Umschlag vom Risiko in die Rechtsgutgefährdung unabweisbar bzw. höchstwahrscheinlich ist und/oder staatliches Nichthandeln mit dem ... Grundsatz des Untermaßverbots in Konflikt gerät.“[83]

Von anderer Seite wird betont, dass auf der Tatbestandsebene, die sowohl den Bereich der Gefahrenabwehr als auch den der Vorsorge umfasse, die Schutzpflicht bereits ausgelöst werde, „wenn konkrete Anhaltspunkte für eine rational prognostizierbare Möglichkeit einer Beeinträchtigung des Schutzgutes vorliegen.“[84] Würden Risiken unterhalb einer bestimmten Schwelle auf der Tatbestandsebene aus dem Schutz ausgeschlossen, „würde die Pflicht zur weiteren Risikoerforschung nicht einsetzen. Dies erschiene im Hinblick auf das Ziel eines wirksamen, vorsorgenden Grundrechtsschutzes nicht sachgerecht.“[85] Nur solange der Schutz noch realisierbar sei, könnten mögliche Schädigungen im Vorfeld verhindert werden. Das gelte insbesondere für Schäden, „welche um-

---

81 Jarass/Pieroth, aaO., Rd.Nr. 3

82 Schulze-Fielitz, Helmuth, aaO., Rd.Nr. 49. Murswiek, Dietrich, Kommentar zu Art. 20a Grundgesetz, in: Sachs, Michael (Hrsg.), Kommentar zum Grundgesetz, München 1996, Rd.Nr. 36

83 Scholz, Ruprecht, Rd.Nr. 10

84 Bubnoff von, Daniela, Der Schutz der künftigen Generationen im deutschen Umweltrecht, Leitbilder, Grundsätze und Instrumente eines dauerhaften Umweltschutzes, Dissertation, Berlin 2001, S. 56

85 ebd., S. 57

weltvermittelt aus zeitlich und räumlich gestreckten Vorgängen resultieren."[86]

Der Generationenverantwortung ist neben dem Prinzip der Vorsorge das der „Nachhaltigkeit" immanent. Dem Nachhaltigkeitspostulat liegen als „leitende Gesichtspunkte die ökologischen Erfordernisse zugrunde, welche sich im Hinblick auf die Belange der kommenden Generationen ergeben."[87] Danach setzt ein langfristig vorsorgender Schutz der natürlichen Lebensgrundlagen den sparsamen Umgang mit nicht erneuerbaren Ressourcen und eine schonende Bewirtschaftung erneuerbarer Ressourcen voraus.[88]

Kontrovers diskutiert wird die Frage, ob Art. 20 a GG ein allgemeines Verschlechterungsverbot im Hinblick auf die Umweltsituation und damit verbunden ein Verbesserungsgebot zu entnehmen ist.

Befürwortend wird hervorgehoben, dass die Umweltsituation des Jahres 1994 (Inkrafttreten der Umwelt-Staatszielbestimmung) als „Referenzlage angesehen werden [könne], anhand derer die Umweltpolitik verfassungsrechtlich beurteilt werden kann."[89] Nach dem Willen des „verfassungsgebenden Gesetzgebers [sollte] die Staatszielbestimmung des Art. 20 a zu einer Verbesserung der Umweltsituation" führen.[90]

Demgegenüber wird festgestellt, dass sich aus Art. 20 a GG kein bestimmtes Schutzniveau herleiten lasse.[91] Im Hinblick auf die Gleichrangigkeit anderer Verfassungsprinzipien und –rechtsgüter wird eine Unterschreitung des bisher gegebenen Schutzniveaus im Einzelfall im Rahmen des Verträglichkeitsentscheides für möglich gehalten, sofern das erreichte Niveau insgesamt erhalten bleibe. Konkrete Handlungsaufträge zur Verbesserung oder Bewahrung der Umweltsituation habe der verfassungsändernde Gesetzgeber nicht erteilt. Er habe die Ausgestaltung der Staatszielbestimmung und Umsetzung des Schutzauftrags den staatlichen Organen – vorrangig dem Gesetzgeber – übertragen.[92]

86 ebd.

87 ebd., S. 65

88 ebd.. Schulze-Fielitz, Helmuth, aaO., Rd.Nr. 35. Murswiek, Dietrich, aaO., Rd.Nr. 32.. Petersen, Volkert, Art. 20 a GG in der Rechtspraxis – Staatsziel Umweltschutz – Chance oder Leerformel? -, aaO., S. 13

89 Murswiek, Dietrich, aaO., Rd.Nr. 44

90 ebd., Rd.Nr. 43

91 Schmidt-Bleibtreu/Klein, aaO., Rd.Nr. 9 a

92 Petersen, Volkert, aaO., S. 16 f.

4.4.2 Schutzgüter und Zweck der Verantwortung

Die Umwelt-Staatszielbestimmung wird mit Hinweis auf ihre Einbindung in die Gesamtverfassung überwiegend anthropozentrisch interpretiert. Im Mittelpunkt des Schutzauftrags steht – angesichts der Würdegarantie in Art. 1 Abs. 1 GG als oberster Verfassungsnorm – der Mensch. Die natürlichen Lebensgrundlagen sind um seiner Belange willen zu schützen.[93]

In der Vorgeschichte zu Art. 20 a GG ist auch die Forderung nach einem verfassungsrechtlich verankerten Eigenrecht der Natur diskutiert worden. Sie konnte aber nicht durchgesetzt werden.[94] Allerdings ist der anthropozentrische Bezug „nicht mehr ausdrücklich im Verfassungstext enthalten."[95]

Gegen die Auffassung, dass aus der Menschenwürdegarantie eine ausschließlich anthropozentrische Interpretation des Art. 20 a GG abzuleiten ist, wird eingewendet, dass es „durchaus der Würde des Menschen [entspreche], seine natürliche Umwelt unabhängig von seinen eigenen Interessen und Bedürfnissen zu achten und zu schützen."[96] Und es wird die Konsequenz gezogen, dass die natürliche Umwelt im Rahmen des Art. 20 a GG nicht nur als Lebensgrundlage des Menschen geschützt werde, sondern „sie ist eigenständiges Schutzobjekt und wird vom GG in ihrem Eigenwert respektiert."[97]

Gleichwohl bleibt auch diese Interpretation grundsätzlich anthropozentrisch. Denn erst über den Umweg der Würdegarantie, in deren Mittelpunkt der Mensch steht, soll die Natur auch um ihrer selbst willen geschützt werden.

Entsprechend der anthropozentrischen Interpretation orientiert sich der Schutzauftrag des Art. 20 a GG an dem Zweck, auch künftigen Generationen ein der menschlichen Würde entsprechendes Leben zu sichern. Das setzt den in Art. 20 a GG explizierten langfristigen Erhalt der natürlichen Lebensgrundlagen voraus und – neben der Unversehrtheit menschlichen Lebens - die Bewahrung des Selbstbestimmungsrechts und der

---

93 Schmidt-Bleibtreu/Klein, aaO., Rd.Nr. 11. Scholz, Rupert, aaO., Rd.Nr. 38 ff.. Jarass/Pieroth, aaO., Rd. Nr. 2, Schulze-Fielitz, Helmuth, aaO., Rd.Nr. 25 f.

94 Scholz, Ruprecht, aaO., Rd.Nr. 38 ff.. Schultze-Fielitz, Helmuth, aaO., Rd.Nr. 7

95 Schmidt-Bleibtreu/Klein, aaO., Rd.Nr. 11

96 Murswiek, Dietrich, aaO., Rd.Nr. 23

97 ebd., Rd.Nr. 22, 25

Handlungsfreiheit als notwendige Bedingungen der Menschenwürde und damit als Implikationen der Menschenwürdegarantie.[98]

4.4.3 Adressat des Art. 20 a GG

Es ist bereits dargelegt worden, dass die Realisierung der Umwelt-Staatszielbestimmung vorrangig Aufgabe des Gesetzgebers ist. Es ist „seine Sache und damit Sache des politischen Prozesses der parlamentarischen Demokratie, die Risiken, die heute und in Zukunft durch die wissenschaftlich-technische Entwicklung hervorgerufen werden, abzuschätzen, zu bewerten und aufgrund einer – auch andere politische Ziele berücksichtigenden – Abwägung zu mindern."[99]

Der Gesetzgeber verfügt bei der Umsetzung des Schutzauftrages aus Art. 20 a GG über einen weiten Gestaltungsspielraum. Denn Art. 20 a GG gibt das Ziel, aber nicht die Mittel vor.[100] Und er lässt angesichts seiner Gleichrangigkeit mit anderen Verfassungsprinzipien und –rechtsgütern die Lösung von Zielkonflikten im Rahmen des Verträglichkeitsentscheides offen. Gleichwohl ist die Staatszielbestimmung Umweltschutz kein unverbindlicher Programmsatz, sondern „Verfassungsnorm[en] mit

---

98 Die Menschenwürde, die „unabhängig von Zeit und Raum 'ist` und rechtlich verwirklicht werden 'soll`", besteht darin, dass jeder Mensch „Mensch kraft seines Geistes [ist], der ihn abhebt von der unpersönlichen Natur und ihn aus eigener Entscheidung dazu befähigt, seiner selbst bewusst zu werden, sich selbst zu bestimmen und sich und die Umwelt zu gestalten". Dürig, Günter, Kommentar zu Art. 1 GG, in: Maunz/Dürig, Grundgesetz-Kommentar (37. Ergänzungslieferung), München 2000, Rd.Nr. 17 f.. Die für alle Menschen gleich gedachte Freiheit ist „denknotwendig nur eine abstrakte Freiheit", die dem „'Menschen an sich` eigen ist". Der allgemein menschliche Eigenwert der Würde besteht in der „gleichen abstrakten Möglichkeit (potentiellen Fähigkeit) zur Verwirklichung". (Ebd.) Dürig verweist auf die „unrichtige Fragestellung zivilrechtlichen Anspruchsdenkens, wenn man danach fragt, von wann ab und bis wann der konkrete Mensch im juristischen Sinne als Träger eigenen Rechts am Wertschutz des Art. 1 I teilhat." Und er stellt im Hinblick darauf, dass der „allgemein menschliche Eigenwert der Würde unabhängig von der Realisierung beim konkret existierenden Menschen ist", fest, dass „ein Angriff die Menschenwürde als solche auch verletzen [kann], wenn der konkrete Mensch noch nicht geboren oder bereits tot ist. Ebd., Rd.Nr. 23

99 Badura, Peter, aaO., S. 46

100 ebd., S. 46. Scholz, Ruprecht, aaO., Rd.Nr. 49. Schmidt-Bleibtreu/Klein, aaO., Rd. Nr. 4

rechtlich bindender Wirkung", die der Staatstätigkeit die Verpflichtung zum Umweltschutz und zur ökologischen Generationenverantwortung vorschreibt.[101]

Der Gestaltungsspielraum des Gesetzgebers wird auf der einen Seite durch den politischen Meinungs-und Willensbildungsprozesses geprägt. Auf der anderen Seite wird er sowohl durch die – bereits dargelegten – Prinzipien der Vorsorge und Nachhaltigkeit als auch durch die – im Folgenden zu erläuternden - „prozeduralen Pflichten" vorgeformt.[102]

4.4.4 Der Schutzauftrag

Zu den prozeduralen Pflichten des Gesetzgebers gehört die Ermittlung, Abwägung und Bewertung möglicher Zukunftsrisiken nach dem Stand von Wissenschaft und Technik. In diesem Rahmen sind alle zugänglichen Erkenntnisquellen heranzuziehen. Dazu gehören u.a. Informationen über die „ökosystemaren Tragekapazitäten sowie die natürlichen Wachstums- und Regenerationsmöglichkeiten" sowie „das Abbauverhalten und die Kumulationseigenschaften von Stoffen".[103]

Der Schutzauftrag „entfaltet sich in Abwägungsentscheidungen" nach dem Grundsatz der Verhältnismäßigkeit.[104] Eingriffe in Umweltschutzgüter und Schutzmaßnahmen sind unter Anwendung der Grundsätze der Erforderlichkeit, Eignung und Angemessenheit zu begründen.[105] Art. 20 a GG soll die „Zukunftsbelange im Rahmen der tatsächlichen und der rechtlichen Möglichkeiten soweit wie möglich zur Geltung bringen."[106] Das Optimierungsgebot wird allerdings durch das Übermaßverbot in Bezug auf entgegenstehende ebenfalls im Rang von Optimierungsgeboten stehende Belange begrenzt.[107] Dem Gesetzgeber steht es jedoch „im Rahmen seiner politischen Gestaltungsfreiheit grundsätzlich offen, den

---

101 Murswiek, Dietrich, aaO., Rd.Nr. 12. Scholz, Ruprecht, aaO., Rd.Nr. 35

102 Bubnoff von, Daniela, aaO., S. 57. Schmidt-Bleibtreu/Klein, aaO., Rd.Nr. 9a

103 Bubnoff von, Daniela, aaO., S.56 f.. Siehe hierzu auch Badura, Peter, aaO., S.47

104 Schulze-Fielitz, Helmuth, aaO., Rd.Nr. 43. Scholz, Ruprecht, aaO., Rd.Nr. 42

105 Schulze-Fielitz, Helmuth, aaO., Rd.Nr. 43 f.. Murswiek, Dietrich, aaO., Rd.Nr. 46

106 Bubnoff von, Daniela, aaO., S. 58. Murswiek, Dietrich, aaO., Rd.Nr. 53

107 Bubnoff von, Daniela, aaO., S. 58 f., S. 73 f.. Murswiek, Dietrich, aaO., Rd.Nr. 54. Schulze-Fielitz, Helmuth, aaO., Rd.Nr. 23. Petersen, Volkert, aaO., S. 6 f.. Scholz, Ruprecht, aaO., Rd.Nr. 42

Umweltbelangen auf der Ebene des einfachen Rechts einen Vorrang einzuräumen."[108]

4.4.5 Kriterien vergleichender Risikobetrachtung

Nach dem Grundsatz der Erforderlichkeit kommt dem Gesetzgeber die „Pflicht zu einer vergleichenden Risikobetrachtung zu."[109] Verschiedene Alternativen sind hinsichtlich ihrer Vor- und Nachteile und der jeweils verbleibenden Risiken zu bewerten. Als Maßstäbe und Kriterien gelten neben dem Aspekt volkswirtschaftlicher Kosten[110] u.a.:

- das *begrenzte prognostische Wissen*: Es ist in Betracht zu ziehen, dass die schädliche Wirkung von Umwelteingriffen möglicherweise erst langfristig erkennbar wird und mit Auswirkungen auf Leben und Gesundheit künftiger Generationen verbunden sein kann. Auch sind Langzeitrisiken, wie sie u.a. bei jeder Form der Mülldeponierung entstehen, besonders zu berücksichtigen.[111]
- Die *Reversibilität* von Eingriffen in die Umweltgüter: Irreversible Eingriffe wären „nur hinnehmbar, soweit die Risiken beherrschbar sind und durch effiziente Vorkehrungen gewährleistet ist, dass alle nach dem Stand der Wissenschaft und Technik notwendigen Sicherheitsmaßnahmen getroffen werden."[112] Sie wären unzulässig, „wenn dadurch das Überleben bzw. eine menschenwürdige Existenz zukünftiger Generationen in Frage gestellt wird."[113] Der Entscheidungsspielraum des Gesetzgebers ist „auf 0 reduziert, wenn eine Lebensgrundlage im ganzen gefährdet ist".[114]
- Die *Wahl des kleineren Übels*: Die Zumutung von Risiken wird grundsätzlich „nur dann als zulässig angesehen", wenn es „keine eindeutig risikoärmere Lösung gibt oder die Entscheidung notwendig ist,

---

108 Bubnoff von, Daniela, aaO., S. 60

109 ebd., S. 73

110 Schulze-Fielitz, Helmuth, aaO., Rd.Nr. 44

111 Murswiek, Dietrich, aaO., Rd.Nr. 32. Petersen, Volkert, aaO., S. 12 f.. Schulze-Fielitz, Helmuth, aaO., Rd.Nr. 33 f.. Bubnoff von, Daniela, aaO., S. 58

112 Badura, Peter, aaO., S. 53

113 Kloepfer, Michael, Langzeitverantwortung im Umweltstaat, in: Kloepfer, Michael (Hg.), Langzeitverantwortung im Umweltstaat, Bonn 1993, S. 23 – 41, S. 34

114 Murswiek, Dietrich, aaO., Rd.Nr. 50

ein noch größeres Risiko zu vermeiden.“[115] Bei gleichwertigen Handlungsalternativen ist „diejenige zu wählen, die die natürlichen Lebensgrundlagen als Schutzgut des Art. 20 a GG am wenigsten belastet”.[116] Im „Zweifel“ die Alternative, „ welche die Zukunft am offensten hält.“[117] Dabei sind gegenwärtige und künftige Belange auszugleichen, „ohne dass es dabei auf ein generationenspezifisches Äquivalent von Nutzen und Nachteil ankäme.“[118] Im Vordergrund der Abwägung stehen Gesichtspunkte des Umweltschutzes. Aus dem Recht gegenwärtiger Generationen, „das eigene Leben zu gestalten“, folgt allerdings „nicht das Recht, die Entfaltung nachfolgender Generationen zu behindern.“[119] Umweltbelastende Maßnahmen sind „nur dann legitimiert, wenn die zukünftigen Generationen die von ihren Vorgängern getroffenen Entscheidungen revidieren und die entsprechenden Wirkungen beseitigen können.“[120]

4.4.6 Zusammenfassung

In den dargelegten Kommentaren und der rechtswissenschaftlichen Literatur werden Konvergenzen im Hinblick auf den unbestimmten Rechtsbegriff der Verantwortung in Art. 20 a GG deutlich. Der Verantwortungsbegriff ist ein prospektiver Begriff. Verantwortung wahrnehmen bedeutet, über die nachträgliche Haftung für bereits eingetretene Schäden hinaus, die Folgen einer erst beabsichtigten Handlung zu antizipieren und dafür die Verantwortung zu übernehmen. Im Zentrum der Verantwortung steht der Mensch in Gegenwart und Zukunft. Zweck der Verantwortung ist die dauerhafte Sicherung eines menschenwürdigen Lebens. Das setzt neben der – in Art. 20 a GG explizierten – Bewahrung der natürlichen Lebensgrundlagen die Unversehrtheit menschlichen Lebens und den Erhalt der Handlungsfreiheit als Implikationen der Menschenwürdegarantie des Grundgesetzes voraus.

---

115 Kloepfer, Michael, aaO., S. 34
116 Schulze-Fielitz, Helmuth, aaO., Rd.Nr. 43
117 Kloepfer, Michael, aaO., S. 23
118 Bubnoff von, Daniela, aaO., S. 78
119 Kloepfer, Michael, aaO., S. 22
120 ebd.

Der Schutzauftrag des Art. 20 a GG entfaltet sich unter Einbeziehung von Alternativen in Abwägungsentscheidungen. Wesentliche Kriterien im Rahmen der Ermittlung, Abwägung und Bewertung von Risiken sind neben volkswirtschaftlichen Kosten das begrenzte Prognosewissen, die Reversibilität und Beherrschbarkeit einer Maßnahme und ihrer Folgen. Entscheidungen folgen dem Prinzip der Wahl des kleineren Übels. Eingriffe in Schutzgüter, die eine menschenwürdige Existenz künftiger Generationen in Frage stellen, gelten als unzulässig.

Unterschiedliche Interpretationen bestehen hinsichtlich der schutzauslösenden Gefährdungsschwelle, eines Verschlechterungsverbots der Umweltsituation und eines Verbesserungsgebots sowie des Objekts der Verantwortung (anthropozentrische/ökozentrische Perspektive). Diese Aspekte werden im Anschluss an den folgenden technikethischen Exkurs, in dessen Mittelpunkt die Analyse und Definition des Verantwortungsbegriffs steht, noch einmal aufgenommen.

*

Exkurs: Der Verantwortungsbegriff in der Technikethik-Diskussion

1 Methodische Vorbemerkungen

Im Rahmen des Exkurses soll methodisch in der Weise verfahren werden, dass die Ansätze repräsentativer Vertreter der Technikethik-Diskussion bezogen auf den Verantwortungsbegriff hinsichtlich signifikanter Konvergenzen untersucht werden. Angesichts der Pluralität der Ethikansätze, insbes. hinsichtlich des Status der Werte (ontologische Prinzipien oder konsenshafte geschichtliche Regeln), der Bedeutung der Natur (anthropozentrische/ökozentrische Perspektive) und des Subjekts der Verantwortung (individuelle oder auch institutionelle Übernahme der Verantwortung) kann es in dem Exkurs nicht darum gehen, die Entwürfe in ihrem systematischen Zusammenhang oder in ihrem unterschiedlichen zeitlichen Kontext darzustellen und in ihren Divergenzen zu diskutieren. Das würde den Rahmen dieser Untersuchung sprengen. Zudem verbietet die Pluralität auch die Darstellung einer einzelnen Position in exemplarischer Absicht.

Das gewählte Verfahren hat zwar den Nachteil, zu einer Nivellierung positioneller und zeitlicher Differenzen zu führen. Es hat aber den Vorteil, in dem hier zu prüfenden Zusammenhang in angemessener Kürze die Konvergenzen des Verantwortungsbegriffs aufzeigen zu können und im Vergleich zur Verfassungsinterpretation möglicherweise größere Klarheit hinsichtlich des Verantwortungsbegriffs und der Verantwortungskriterien zu erhalten.

2 Technikethik als teleologische Ethik

Die Technikethik ist eine noch junge Disziplin im Bereich der angewandten Philosophie. Sie hat sich angesichts des zunehmenden Bewusstseins in der Gesellschaft über die Gefahren, die mit den neuen wissenschaftlich-technologischen Entscheidungsmaterien verbunden sind, durchgesetzt. Sie knüpft an Max Webers Unterscheidung zwischen Gesinnungs- und Verantwortungsethik an. Bei der Gesinnungsethik bzw. deontologischen Ethik steht der Wille des Handlungssubjekts in seiner Moralität im Mittelpunkt. Bei der Verantwortungsethik bzw. teleologischen Ethik geht es um die „Moralität" der Handlungsfolgen.

Technikethik ist vor allem folgenorientierte, teleologische Ethik, in der die Folgen auf der Grundlage elementarer Werte oder Handlungsregeln bewertet werden, die im Konfliktfall in ein hierarchisches Gefüge zueinander gesetzt werden.

3 Der prospektive Verantwortungsbegriff

Im Rahmen der Technikethik-Diskussion kommt dem Begriff der Verantwortung zentrale Bedeutung zu. Er ist – nach der philosophischen Begriffsanalyse - ein mehrstelliger Relationsbegriff, der mindestens das Verantwortungssubjekt, den -bereich, das –objekt, die -instanz und die Wertmaßstäbe umfasst.[121] Die einzelnen Elemente haben sich im Vergleich zur traditionellen Verantwortungsethik verändert:

---

121 Ropohl, Günter, Neue Wege, die Technik zu verantworten, in: Lenk, Hans/Ropohl, Günter (Hg), Technik und Ethik, Stuttgart 1987, S. 149 – 176, S. 155. Zimmerli, Walther Ch., Wandelt sich die Verantwortung mit technischem Wandel, in: Lenk, Hans/Ropohl, Günter (Hg), aaO., S. 92 – 111, S. 102 ff.

- Verantwortungssubjekt und Handlungssubjekt, in der traditionellen Ethik identisch, fallen in technologischen Handlungszusammenhängen auseinander. Denn technische Entwicklungen sind in der Regel das Ergebnis des „Zusammenwirkens vielfacher Handlungsbeiträge im gesellschaftlichen Systemzusammenhang".[122]
- Der Verantwortungsbereich geht über den Nahbereich hinaus. Technologisches Handeln – am Beispiel der Atom- und Gentechnologie diskutiert –, greift tief in die Naturzusammenhänge ein. Es ist in seinem Ausmaß und seiner zeitlichen und räumlichen Reichweite unermesslich. Es beeinflusst die „Bedingungen der Existenz der menschlichen Gattung und ihrer Handlungen sowie der Natur ... in unrevidierbarer Weise (Evolution wird gemacht)."[123] Das „Zugrundegehen des Ganzen durch Taten des Menschen, seien sie nun gerecht oder ungerecht, [ist] eine reale Möglichkeit geworden."[124]
- Verantwortungsobjekte sind angesichts der neuen Folgen-Dimension technologischen Handelns auch künftige Generationen. Über die anthropozentrische Perspektive hinaus erweitert pathozentrische Umweltethik die Verantwortung auf alle empfindungs- und leidfähigen Wesen; der biozentrische Ansatz bezieht niedere Tiere und Pflanzen ein und im Mittelpunkt holistischer Umweltethik steht die „Rechtsge-

---

122 Ropohl, Günter, aaO., S. 164. Zimmerli, Walther Ch., aaO., S. 106.
Aus dieser neuen Entwicklung wird zum einen die Konsequenz gezogen, dass die Verantwortung für die Handlung und ihre Folgen weiterhin individuell zu tragen ist. Denn die „reflexive Form des technologischen Wissens ... konstituiert ein moralisch verantwortungsfähiges Subjekt." Zimmerli, Walther Ch., aaO., S. 106 f..
Zum anderen wird im Hinblick darauf, dass die technische Entwicklung als „kollektiv-institutionelles Handeln begriffen werden muss", auch die institutionelle Verantwortung der Technik diskutiert. Ropohl, Günter, aaO., S. 164 ff.. Hubig, Christoph, Verantwortung und Hochtechnologie, in: Bayertz, Kurt (Hg), Verantwortung: Prinzip oder Problem? Darmstadt 1995, S. 98 – 139, S. 106 ff. Lenk, Hans/Maring, Matthias, Wer soll Verantwortung tragen? Probleme der Verantwortungsverteilung in komplexen (soziotechnischen-sozioökonomischen) Systemen, in: ebd., S. 241 – 286, S. 279 f.

123 Hubig, Christoph, Technik und Wissenschaftsethik, Ein Leitfaden, Berlin/Heidelberg 1995[2], S. 21

124 Jonas, Hans, Das Prinzip Verantwortung, Versuch einer Ethik für die technologische Zivilisation, Frankfurt am Main 1988[7], S. 33

meinschaft der gesamten, auch das Unbelebte einbeziehenden Natur."[125]

- Verantwortungsinstanzen sind nicht mehr nur juristische und religiöse Instanzen. Die neuen Technologien und ihre Folgen sind auch gegenüber der „Gesamtheit aller vernünftigen Wesen in Gegenwart und Zukunft und ggf. auch die außermenschliche Natur" zu verantworten.[126]
- Über materiale Begründungsansätze hinaus, die Bewertungsmaßstäbe ontologisch bzw. metaphysisch aus einer vorsubjektiven Instanz ableiten,[127] werden – dem Wertpluralismus in der Gesellschaft Rechnung tragend - auf der Basis formaler Prinzipien Verfahren zur Bewertung einer Handlung und ihrer Folgen angegeben.[128]

---

125 Wuchterl, Kurt, Lehrbuch der Philosophie, Probleme – Grundbegriffe – Einsichten, Bern; Stuttgart 1992^4, S. 187. Siehe hierzu auch Hans Jonas. Er gesteht der außermenschlichen Natur ein sittliches Eigenrecht zu, das nicht auf die Funktionalität der Natur für das menschliche Leben reduziert werden kann. Jonas, Hans, Warum die Technik ein Gegenstand für die Ethik ist: Fünf Gründe, in: Lenk, Hans/Ropohl, Günter (Hg), aaO., S. 81 – 91, S. 86.

Robert Spaemann hebt hervor, der Mensch müsse die anthropozentrische Perspektive verlassen und „den Reichtum des Lebendigen als einen Wert an sich" respektieren. Spaemann, Robert, Technische Eingriffe in die Natur als Problem der politischen Ethik, in: Birnbacher, Dieter (Hg), Ökologie und Ethik, Stuttgart 1996, S. 180 – 206, S. 198.

Günter Altner hebt Verantwortung hervor im Sinne einer „unmittelbare[n] Einbeziehung von Mensch und Natur in ein juristisch und gesellschaftlich verbindliches Wechselverhältnis, das von der technokratischen Dominanz des neuzeitlichen Menschen wegführen könnte" und betont die Notwendigkeit, der Natur den „Charakter eines Rechtssubjekts zuzusprechen." Altner, Günter, aaO., S. 113 f.

126 Zimmerli, Walther Ch., aaO., S. 105. Ropohl, Günter, aaO., S. 157

127 Hans Jonas z.B. begründet die Wertmaßstäbe ontologisch mit der vom menschlichen Bewusstsein unabhängigen Zweckhaftigkeit der unwillkürlich funktionierenden Natursysteme. Aus dieser Zweckhaftigkeit leitet er den Vorrang des Seins vor dem Nichtsein ab, dem keine Zwecke immanent sind. Dem mit Vernunft begabten Menschen kommt die Verantwortung für das menschliche und außermenschliche Sein zu. Jonas, Hans, Das Prinzip Verantwortung, aaO., S. 156 f., 178 f., 234 ff.

128 Walther Ch. Zimmerli begegnet dem Pluralismus von Wertsystemen in den unterschiedlichen Lebenswelten mit einem Verfahrensmodell. Aus formalen Prinzipien wie z.B. dem der Gerechtigkeit, entwickelt er Normen zur Beurteilung technologischen Handelns. Zimmerli, Walther Ch., Einmischungen, Die sanfte Macht der Philosophie, Darmstadt 1993, S. 35 ff..

Christoph Hubig plädiert für eine diskursive Verfahrensethik, die sich an Basiswerten - sog. Vermächtnis- und Optionswerten - orientiert, die den „Wertpluralis-

Der Verantwortungsbegriff ist ein Brückenbegriff zwischen Ethik und Recht. Der retrospektive Verantwortungsbegriff ist im Rahmen der Technikethik prospektiv gewendet worden. Er geht damit – hierauf wurde bereits hingewiesen - über die Haftungsverantwortung, in der die Folgen der bereits vollzogenen Handlung dem Verursacher/der Verursacherin zugerechnet werden, hinaus. Angesichts der veränderten Folgen-Dimension neuer Technologien wird den Handelnden die „vorausschauende Kalkulation der möglichen Handlungsfolgen auferlegt" und sie werden „auf eine 'präventive' 'Ethik der Zukunftsverantwortung' verpflichtet."[129] Dabei ist die Haftungsverantwortung im Sinne einer Antizipation, d.h., der Bereitschaft, die Folgen einer beabsichtigten Handlung auf sich zu nehmen, einbezogen.[130]

Zweck prospektiver Verantwortung ist es, „auf lange Sicht die Basis für eine menschenwürdige Existenz des Menschen zu sichern."[131] Dem

---

mus als dessen Bedingung garantieren" kann. Hubig, Christoph, Technologische Kultur, Leipzig 1997, S. 8. In diesem Ansatz wird auf Aristoteles, der das in der Natur des Menschen angelegte Gute, das sich im Streben nach Glück als dem selbstzwecklichen höchsten Gut offenbart, Bezug genommen. Das Gute an sich kann aber angesichts pluralistischer Wertsysteme nicht mehr zum Ausgangspunkt einer Ethik gemacht werden, denn über das Gute gibt es Dissense. Daher „wird das Gute als gelingendes Streben formal gefasst, und zwar im Blick auf den Gesamtlebensvollzug als Gelingendem ...". Ders., Der klugheitsethische Ansatz, in: Fritzsche, Andreas/Kwiran, Manfred (Hrsg.), Ethos lernen – Ethos lehren, München 2001, S. 172 – 181, S. 172. Siehe hierzu auch Aristoteles, Nikomachische Ethik, hrsg. von Günter Bien, Meinersche Ausgabe, Hamburg 1985^4, Einleitung des Herausgebers, S. XXVII.

Aus diesem Streben selbst ergeben sich als Basiswerte jenseits allen Pluralismus die Vermächtnis- und Optionswerte (Identität der Subjekte, Freiheit von Entfremdung, Erhalt der Handlungsfreiheit). Bei den Basiswerten handelt es sich um Priorisierungsregeln, die bei Dissensen über Handlungsoptionen angewendet werden sollten. Hubig, Christoph, Technologische Kultur, aaO., S. 95 ff.. Siehe hierzu auch Babke, Hans-Georg, Bericht aus der Arbeitsgruppe 3: Ist Tugend lehrbar? in: Fritzsche, Andreas/Kwiran, Manfred, aaO., S. 182 – 185, S. 185

129 Ropohl, Günter, aaO., S. 158

130 Zimmerli, Walther Ch., Einmischungen, aaO., S. 37

131 Spaemann, Robert, aaO., S. 198

Menschen soll „die Unversehrtheit seiner Welt und seines Wesens“, seine Identität und Handlungsfreiheit bewahrt werden.[132]

5 Kriterien im Rahmen ethischer Technikfolgenbewertung

Im Mittelpunkt der Technikethik steht das Instrument der Technikfolgenbewertung. Rationale Technikfolgenbewertung findet unter Prinzipien und Regeln statt, mit deren Hilfe beurteilt werden kann, welche Handlungsfolgen u.a. unter Gesichtspunkten der Sozial- und Umweltverträglichkeit, im Hinblick auf volkswirtschaftliche Kosten und die Verantwortung gegenüber künftigen Generationen hingenommen werden sollen und welche nicht.

Vor dem Hintergrund pluralistischer Anschauungen und Wertsysteme erfolgt Technikfolgenabschätzung und –bewertung auf der Grundlage von Prinzipien und Regeln für die Allgemeinverbindlichkeit beansprucht wird. Technikfolgenabschätzung erschöpft sich nicht in der Gegenüberstellung von Positiv- und Negativposten einer Maßnahme unter Einbeziehung möglicher Unterlassungsfolgen, sondern es gehört insbesondere im Hinblick auf die mit ihr verbundenen Risiken auch die Prüfung und Abwägung von Alternativen dazu.

Es besteht unter Ethikern aller Couleur Übereinstimmung, dass im Rahmen der Folgenabschätzung und –bewertung dem prinzipiell begrenzten Erkenntnis- und Prognosevermögen Rechnung zu tragen ist. Denn der funktionale Zusammenhang des gesamten, den Menschen mit umgreifenden Natursystems ist „wegen seiner hohen Komplexität nicht vollständig theoretisch fassbar und abbildbar“ mit der Folge, dass „Nebenfolgen unserer Handlungen mit Bezug auf die Natur als Ganzes nicht prinzipiell vorhersehbar sind.“[133]

Das Wissen über die Folgen technologischen Handelns bleibt immer hinter der technischen Macht zurück. Fernprognosen verlangen einen

132 Jonas, Hans, Das Prinzip Verantwortung, aaO., S. 9. Bei Jonas ist dem Recht auf ein menschenwürdiges „bejahbares Sosein“ der ontologische Imperativ „des Daseins“ künftiger Menschheit vorangestellt. Ebd., S. 86 ff.. Siehe auch Christoph Hubig, der den Erhalt der Vermächtnis- und Optionswerte als Voraussetzung eines menschenwürdigen Lebens hervorhebt. Siehe S. 105 (Fußnote 128)

133 Spaemann, Robert, aaO., S. 193 ff.. Zum Natur- und Wissensverständnis siehe auch Zimmerli, Walther Ch., Technik als Natur des westlichen Geistes, in: Dürr, Hans-Peter/Zimmerli, Walther Ch. (Hg), Geist und Natur, aaO., S. 389 – 407, S. 403

„größenordnungsmäßig höheren Grad von Wissenschaft, als er im technologischen Extrapolandum schon da ist; und da dies jeweils das Optimum vorhandener Wissenschaft darstellt, so ist das verlangte Wissen notwendig immer ein derzeit noch nicht und als Vorwissen überhaupt nie, höchstens erst der Rückschau verfügbares Wissen." [134]

Aus dem begrenzten Erkenntnis- und Prognosevermögen wird die Konsequenz gezogen, dass Technologien und ihre Folgen – der menschlichen Verfasstheit entsprechend – fehlerfreundlich, überschau- und beherrschbar, reversibel und damit menschenfreundlich sein müssen. Das schließt Maßnahmen aus, deren „absehbare Folgen ... in dem Sinne irreversibel sind, dass sie 'Umkipp-` oder Zerstörungseffekte in der außermenschlichen Natur bewirken" und Handlungen, die das Recht zukünftiger Generationen auf Selbstbestimmung beseitigen.[135]

Gegenüber der „Maßlosigkeit jeglichen Erkenntnisanspruchs" wird das „Postulat der Selbstbegrenzung ins Feld geführt".[136] Es wird hervorgehoben, dass sowohl Eingriffe in das Natursystem, deren „Folgen sich verselbständigen können, und die das Ganze gefährden, die also nicht mehr im Bereich begrenzter Überschaubarkeit liegen", als auch solche, die „im Blick auf kurzfristige Gratifikation langfristig die Existenzbedin-

---

134 Jonas, Hans, Das Prinzip Verantwortung, aaO., S. 66

135 Zimmerli, Walther Ch., Einmischungen, aaO., S. 37.
Siehe hierzu auch Robert Spaemann der als „notwendige Voraussetzung für die Realisierung von Freiheit und Autonomie" die natürlichen Lebensmöglichkeiten der bewohnbaren Welt hervorhebt. Dieses „Grundkapital" von „dessen Zinsen wir leben, das wir jedoch selbst nicht angreifen dürfen, ohne eine Pflicht gegen unsere Nachkommen zu verletzen", kann „prinzipiell nicht wieder aufgefüllt werden". Spaemann, Robert, aaO., S. 199. Das setze voraus, dass „keine irreversiblen Transformationen in relevanten Mengen in der Nähe der Erdoberfläche hinterlassen werden", denn „jeder Einbau einer irreversiblen Gefahrenquelle kommt ... einem Anbrauchen eines Grundkapitals gleich." Ebd.
Christoph Hubig betont, dass menschliche Handlungsfreiheit eingeschränkt wird durch Maßnahmen, die „das Handeln insgesamt auf einseitige Strategien festlegen, mit Makrorisiken in seiner weiteren Existenz bedrohen, es unter irreversible Abhängigkeiten stellen durch Vereinseitigung und Monopolisierung, Alternativen verdrängen, durch hohe Eingriffstiefe Kompetenzen zugunsten kurzfristigem Nutzen zerstören, es zu ganzen Handlungsketten der Bewältigung von Neben- und Fernwirkungen verurteilen ...". Hubig, Christoph, Technik- und Wissenschaftsethik, aaO., S. 139 f.

136 Hubig, Christoph, Technik- und Wissenschaftsethik, aaO., S. 157

gungen des Handelns und des Überlebens gefährden“, weder zu verantworten noch ökologisch und ökonomisch vernünftig sind.[137]

Von anderer Seite wird, die Freiheit, Einmaligkeit und Würde des Menschen in den Vordergrund stellend,[138] angesichts der asymmetrischen Beziehung zwischen den herrschenden Gegenwartsinteressen und den hypothetischen Risiken in der Zukunft gefordert, dass in „Dingen einer gewissen Größenordnung – solchen mit apokalyptischem Potential – der Unheilsprognose größeres Gewicht als der Heilsprognose zu geben ist.“[139]

*

4.4.7 Der Verantwortungsbegriff im technikethischen Diskurs und seine Verrechtlichung in Art. 20 a GG

Der Exkurs macht Konvergenzen zwischen den unterschiedlichen Ethikansätzen hinsichtlich des Verantwortungsbegriffs und seiner zukunftsgerichteten Implikationen deutlich. Die Konvergenzen sollen im Folgenden zusammengefasst und in Beziehung zur Interpretation des Art. 20 a GG gesetzt werden. Damit wird die eingangs formulierte Frage aufgenommen, ob die Technikethik-Diskussion möglicherweise größere Klarheit hinsichtlich des unbestimmten Rechtsbegriffs der Verantwortung und der Verantwortungskriterien bringen und so für eine Profilierung der Interpretation des Art. 20 a GG fruchtbar gemacht werden kann. Es zeigt sich:

- dass der retrospektive in der Rechtstradition stehende Begriff der Verantwortung in der praktischen Philosophie prospektiv gewendet und in Art. 20 a positiviert worden ist. Prospektive Verantwortung ist zukunftsbezogen und bedeutet, die möglichen Folgen einer beabsichtigten Handlung zu antizipieren und die Verantwortung dafür zu übernehmen. Dem prospektiven Charakter der Verantwortung, der im

---

137 ebd., S. 158. Zum Postulat der Selbstbegrenzung s. auch Walther Ch. Zimmerli, der hervorhebt, dass im strikten Sinne u.a. nur solche Handlungen verantwortet werden können, deren „absehbare Folgen die Lebensdauer des oder der sie auslösenden Menschen nicht übersteigen“ und die „nicht eine Größenordnung und Intensität erreichen“, die eine Verantwortbarkeit ausschließen. Zimmerli, Walther Ch., Einmischungen, aaO., S. 37

138 Jonas, Hans, Das Prinzip Verantwortung, aaO., S. 382, 392 f.

139 ebd., S. 28, 68, 76

Vorsorgeprinzip des Art. 20 a GG zum Ausdruck kommt, entspricht ein vorsorgender langfristig wirksamer Umweltschutz.

- Im Rahmen des technikethischen Diskurses orientiert sich prospektive Verantwortung vor dem Hintergrund divergierender – patho-, ökozentrischer und holistischer – Ansätze im Sinne eines Minimalkonsenses am Prinzip der Menschenwürde und zielt als Fernverantwortung auf die dauerhafte Unversehrtheit menschlichen Lebens und den Erhalt der Handlungsfreiheit. Das setzt die Bewahrung der natürlichen Lebensgrundlagen voraus. Diesem Ziel ist auch Art. 20 a GG verpflichtet. Zwar lässt Art. 20 a GG ebenfalls im Hinblick auf das Verantwortungsobjekt Raum für unterschiedliche Interpretationen. Nach herrschender anthropozentrischer Auslegung ist er jedoch dem Menschenbild des Grundgesetzes in Art. 1 Abs. 1 GG verpflichtet und damit der Sicherung eines dauerhaft menschenwürdigen Lebens.
- Der ethischen Technikfolgenabschätzung und –bewertung korrespondiert aufgrund der Gleichrangigkeit der Umwelt-Staatszielbestimmung mit anderen Verfassungsprinzipien und –rechtsgütern im Rahmen des Verträglichkeitsentscheides die Pflicht zur vergleichenden Risikobetrachtung. Sowohl im technikethischen Diskurs als auch im Rahmen vergleichender Risikobetrachtung des Art. 20 a GG wird die Respektierung des prinzipiell begrenzten prognostischen Wissens anerkannt. Dem entsprechen unter dem Primat der Fehlerfreundlichkeit als einer anthropologischen Konstante die Kriterien der grundsätzlichen Reversibilität, der Überschaubarkeit und Beherrschbarkeit einer Maßnahme und ihrer Folgen. Entscheidungen folgen im Hinblick auf die Risiken dem Prinzip des kleineren Übels. Die Zuweisung irreversibler, unbeherrschbarer Risiken, die künftige Generationen existentiell gefährden können und zum Verlust der Handlungsfreiheit führen, ist weder ethisch verantwortbar noch im Rahmen des Art. 20 a GG legitimiert.

Der technikethische Diskurs macht zum einen deutlich, dass der Verantwortungsbegriff im Rahmen der praktischen Philosophie analysiert und definiert worden ist. Er entzieht sich damit nicht einer „konkreten Präzisierung“,[140] wie im Rahmen der Verfassungsinterpretation hervorgehoben wird.

140 Schulze-Fielitz, Helmuth, aaO., Rd.Nr. 33

Zum anderen wird am Charakter der Verantwortung, ihrem Zweck und den Verantwortungskriterien ersichtlich, dass der Verantwortungsbegriff in seiner ethischen Definition und seinen zukunftsgerichteten Implikationen in Art. 20 a GG eingegangen ist und für eine Profilierung der Verfassungsinterpretation fruchtbar gemacht werden kann.

Im Rahmen der Verfassungsinterpretation wurden unterschiedliche Auffassungen hinsichtlich des Schutzniveaus des Umweltartikels (schutzauslösende Gefährdungsschwelle, Verschlechterungsverbot der Umweltsituation/Verbesserungsgebot) und des Verantwortungsobjekts aufgezeigt.

Im Hinblick auf den Zweck prospektiver Verantwortung, der dauerhaften Sicherung eines menschenwürdigen Lebens, scheint die Annahme berechtigt, dass Risiken unterhalb einer bestimmten Schwelle in die Risikoermittlung und –bewertung einzubeziehen sind. Denn nur solange der Schutz noch realisierbar ist, können mögliche Schädigungen im Vorfeld langfristig verhindert werden.

Auch scheint es – soll die Absicht des verfassungsändernden Gesetzgebers zur Verbesserung der Umweltsituation ernst genommen werden - berechtigt, dem Umweltartikel ein Verschlechterungsverbot und Verbesserungsgebot zu entnehmen. Wird hingegen im Hinblick darauf, dass Art. 20 a GG keine konkreten Handlungsaufträge enthält, dem Gestaltungsspielraum des – jeweiligen – Gesetzgebers ein stärkeres Gewicht beigemessen als dem präventiven Charakter der Umwelt-Staatszielbestimmung, besteht die Gefahr, dass der Umweltschutz entgegen der ursprünglichen Intention zum Spielball politischer Interessen degradiert und bestenfalls auf dem Stand von 1994, dem Inkrafttreten des Umweltartikels, verwaltet wird.

Möglicherweise lassen sich aus der weiter gehenden Ethikdiskussion weitere Klärungen im Hinblick auf die Interpretation des Art. 20 a GG entnehmen, etwa im Hinblick auf die Diskussion um ein Eigenrecht der Natur.[141] Dieser Aspekt soll jedoch in dem hier diskutierten Zusammen-

141 Vgl. hierzu Klaus Bosselmann, der darauf hinweist, dass die „Idee der Eigenrechte bzw. des Eigenwertes ... keine juristischen Konstrukte [sind], die sich nahtlos in die gewohnte Rechtstradition einfügen, sondern umgekehrt Begriffe der ökozentrischen Ethik, die den Charakter der Rechtsordnung verändern helfen. In dem Maße, wie ihr begrifflicher Inhalt in Verfassung, Gesetzgebung und Entscheidungsverfahren festgelegt wird, lässt sich die ökozentrische Ethik gesellschaftlich um- und durch-

hang nicht vertieft, sondern es soll die noch offene Frage nach den Konsequenzen aus Art. 20 a GG für die nicht-rückholbare Endlagerung aufgenommen werden.

4.4.8 Die Entscheidung über die konzeptionelle Ausgestaltung der Endlagerung im Rahmen prospektiver Verantwortung

Vorstehend ist deutlich geworden, dass die dargelegte Interpretation des Art. 20 a GG im Hinblick auf den Charakter der Verantwortung, das Verantwortungsobjekt, den Zweck der Verantwortung und die Verantwortungskriterien durch die Technikethik-Diskussion bestätigt wird. Die Kriterien des prinzipiell begrenzten Erkenntnis- und Prognosevermögens und der Reversibilität von Maßnahmen und ihrer Folgen sollen im Folgenden auf die Frage der Vereinbarkeit nicht-rückholbarer Endlagerung mit Art. 20 a GG angewendet werden.

Das Vorsorgeprinzip, dem als Ausdruck prospektiver Verantwortung in Art. 20 a GG zentrale Bedeutung zukommt, zielt darauf, Risiken zu vermeiden oder, wenn sie unvermeidlich sind, zu minimieren. Es setzt damit die Möglichkeit des Handelns, bezogen auf die Endlagerung radioaktiver Abfälle die Revidierbarkeit der Endlagerungsprozesse und damit verbunden die Zugänglichkeit der Endlagerstätte, voraus.

Mit dieser – rückholbaren – Form der Endlagerung sind allerdings über einen langen Zeitraum Gefahren für Mensch und Umwelt verbunden, die aus einer unbeabsichtigten Freisetzung radioaktiver Abfälle im Rahmen der Betriebsabläufe oder durch Missbrauch der Abfälle entstehen können. Zudem ist die rückholbare Endlagerung kostenintensiv.[142]

Im Vergleich zur rückholbaren Alternative scheint die nicht-rückholbare Endlagerung auf den ersten Blick weniger risikoreich zu sein unter

---

setzen." Bosselmann, Klaus, Im Namen der Natur, Der Weg zum ökologischen Rechtsstaat, Bern, München Wien 1992, S. 373.
Zur Diskussion um die Rechte der Natur siehe auch den Juristen Jörg Leimbacher, der ein „Existenz-Grundrecht" der Natur fordert, das die „grundsätzliche Unverfügbarkeit der Natur statuiert." Leimbacher, Jörg, Die Rechte der Natur, in: Evangelische Theologie, Heft 5-90, München 1990, S. 450 – 459, S. 452

142 NMU (Hrsg.), Erörterungstermin, Wortprotokoll, aaO., Band 1, 9. Verhandlungstag (EÖT 9), S. 6. Band 1, 8. Verhandlungstag (EÖT 8), S. 29. Band 2, 12. Verhandlungstag (EÖT 12), S. 29

der Voraussetzung, dass die radioaktiven Abfälle dauerhaft von der Biosphäre isoliert werden können und dass von ihnen für die Dauer des Gefährdungszeitraums – nach den Planunterlagen Schacht Konrad für 1 Million Jahre – keine Gefahren für Mensch und Natur ausgehen.[143] Denn die Betriebsphase nicht-rückholbarer Endlagerung und damit der Zeitraum, in dem Gefährdungen durch eine unbeabsichtigte Freisetzung radioaktiver Strahlung im Rahmen der Betriebsabläufe oder durch Missbrauch der Abfälle nicht ausgeschlossen werden können, ist im Vergleich zur rückholbaren Endlagerung wesentlich kürzer.

Diese Voraussetzung trifft jedoch nicht zu. Das wird zum einen an den zutage getretenen international diskutierten Langzeitsicherheitsproblemen deutlich. Zum anderen - das ist unter erkenntnistheoretischen Aspekten dargelegt worden – daran, dass der Langzeitsicherheitsnachweis aufgrund des prinzipiell begrenzten Erkenntnis- und Prognosevermögens nicht belastbar ist.[144] Diesem Fakt wird im Rahmen prospektiver Verantwortung Rechnung getragen. Der „Maßlosigkeit jeglichen Erkenntnisanspruchs"[145] wie er sich in den Sicherheitsaussagen für eine Million Jahre offenbart, sind – das macht die Technikethik-Diskussion deutlich - Grenzen zu setzen. Im Rahmen des Art. 20 a GG besteht dazu die rechtliche Möglichkeit.

Angesichts der nicht belastbaren Fernprognosen kann ein Schadensereignis im Rahmen nicht-rückholbarer Endlagerung nicht hinreichend sicher ausgeschlossen werden. Diese Form der Endlagerung aber ist grundlegend unrevidierbar und in ihren Folgen unbeherrschbar. Die „Entfesselung radioaktiver Strahlung schafft einen Umstand" – so Robert Spaemann -, „der durch keinerlei spätere Entscheidung ungeschehen gemacht werden kann. Die kommenden Generationen haben das Faktum als ein unveränderbares und als solches unfruchtbares Datum in ihr Leben aufzunehmen."[146]

Kommt es zu einem schnellen vorzeitigen Austritt der belasteten Tiefenwässer in das oberflächennahe Grundwasser, wären weite Gebiete auf Dauer unbewohnbar. Die Menschen - insbesondere in der Endlagerregion - wären angesichts fehlender Frühwarnsysteme und der Unbeherrschbar-

---

143 siehe S. 29 f.

144 siehe S. 92 f.

145 siehe S.108

146 Spaemann, Robert, aaO., S. 204

keit der Schadensfolgen ohne wirksame Handlungsoptionen der Katastrophe ausgeliefert.

Vor diesem Hintergrund ist den nicht hinreichend sicher auszuschließenden existentiellen Gefährdungen künftiger Generationen nach Auffassung der Verfasserin ein größeres Gewicht beizumessen als höheren volkswirtschaftlichen Kosten, die auch künftigen Generationen zugemutet werden die keinen unmittelbaren Vorteil aus der Kernenergienutzung haben.

Im Ergebnis ist das Risikopotenzial nicht-rückholbarer Endlagerung aufgrund der Nicht-Revidierbarkeit der Endlagerung und der Unbeherrschbarkeit der Folgen größer als das Risikopotenzial rückholbarer Endlagerung. Die nicht-rückholbare Endlagerung ist im Vergleich zu ihrer Alternative, der rückholbaren Endlagerung, angesichts ihrer grundlegenden Nicht-Revidierbarkeit und der Unbeherrschbarkeit ihrer Folgen nicht fehler- und damit nicht menschenfreundlich. Der Verlust der Handlungsfreiheit, eine flächendeckende Verseuchung der natürlichen Lebensgrundlagen in der Standortregion und die Zumutung eines unabwendbaren Schicksals bei Eintritt des denkbar schlimmsten Falles sind mit dem Zweck des Art. 20 a GG, der langfristigen Sicherung eines menschenwürdigen Lebens, nicht vereinbar.

Ergebnisse und Ausblick

Im Mittelpunkt der Untersuchung stand vor dem Hintergrund der Langzeitsicherheitsprobleme nicht-rückholbarer Endlagerung, der Tendenz zur Rückholbarkeit radioaktiver Abfälle und der im Rahmen des Planfeststellungsverfahrens Schacht Konrad erhobenen Einwände die Frage, wie das Konzept der Nicht-Rückholbarkeit radioaktiver Abfälle in der Bundesrepublik Deutschland legitimiert wird, und ob seine Beibehaltung angesichts der neuen Entwicklungen und Einwände noch gerechtfertigt werden kann.

Im Unterschied zur herrschenden Auffassung, dass die Entscheidung für die nicht-rückholbare Endlagerung durch die Grundsatzentscheidung für die Atommüll-Endlagerung und die Entscheidung der zuständigen Landesbehörde im atomrechtlichen Planfeststellungsverfahren demokratisch und rechtlich legitimiert ist, wurde aufgezeigt, dass die Entscheidung über die konzeptionelle Ausgestaltung der Endlagerung im Rahmen der vom Bundesverfassungsgericht dargelegten Wesentlichkeitstheorie und der 1994 in Kraft getretenen Umwelt-Staatszielbestimmung (Art. 20 a GG) vom Parlament zu treffen und das Konzept der Endlagerung hinreichend bestimmt gesetzlich festzulegen ist.

Im Ergebnis fehlt dem Konzept der Nicht-Rückholbarkeit und damit sowohl dem Endlagervorhaben Schacht Konrad als auch dem weisungsgebundenen Genehmigungsentwurf für das Konrad-Projekt, der Grundlage für die zwischen Bundesregierung und Energieversorgungsunternehmen im Rahmen des Atomkonsens vereinbarte Genehmigung des Schacht Konrads ist, die Rechtsgrundlage.

Die Entscheidung über die konzeptionelle Ausgestaltung der Atommüll-Endlagerung müsste nachgeholt werden. Einer Beibehaltung des Konzepts der Nicht-Rückholbarkeit sind allerdings angesichts des nicht belastbaren Langzeitsicherheitsnachweises atom- und verfassungsrechtlich Grenzen gesetzt.

Der Langzeitsicherheitsnachweis kann weder methodisch noch erkenntnistheoretisch dem atomrechtlich geforderten Stand von Wissenschaft und Technik (§ 7 Abs. 2 Nr. 3 AtG) gemäß geführt werden. Die erforderliche Validierung der Modellrechnungen zu den Grundwasserbewegungen und zum Radionuklidtransport ist technisch noch nicht möglich. Es wird fachwissenschaftlich bezweifelt, dass eine Validierung komplexer Modelle – hier des Endlagermodells – überhaupt möglich sein wird. In erkenntnistheoretischer Hinsicht lässt die Zeitabhängigkeit, Geschichtlichkeit und Fehlbarkeit wissenschaftlicher Aussagen und Aussagensysteme prinzipiell keine belastbaren Fernprognosen zu. Vor diesem Hintergrund kann die Voraussetzung nicht-rückholbarer Endlagerung, die Belastbarkeit des Langzeitsicherheitsnachweises, generell nicht erfüllt werden.

Dem Langzeitsicherheitsnachweis für das Konrad-Projekt liegen nicht validierte Modellrechnungen zugrunde. Er beruht erkenntnistheoretisch auf der überholten Theorie des klassischen Empirismus mit der Annahme zeitlos gültiger Naturgesetze, die angeblich unter Berücksichtigung standortspezifischer Randbedingungen sichere Fernprognosen zulassen. Eine Genehmigung des Konrad-Projektes im Rahmen des § 7 Abs. 2 Nr. 3 AtG ist unvertretbar.

Aufgrund des nicht belastbaren Langzeitsicherheitsnachweises kann ein Schadenseintritt nicht hinreichend sicher ausgeschlossen werden. Die Gefahr einer flächendeckenden Zerstörung des Natursystems in der Standortregion besteht ebenso wie die Möglichkeit existentieller Gefährdungen für künftige Generationen, die angesichts fehlender Frühwarnsysteme und der Unbeherrschbarkeit der Folgen ohne wirksame Handlungsmöglichkeiten einer Katastrophe ausgeliefert würden. Die nicht-rückholbare Endlagerung ist im Hinblick auf ihre grundlegende Nicht-Revidierbarkeit und ihre Risiken mit dem Zweck von Art. 20 a GG, die langfristige Sicherung eines menschenwürdigen Lebens, nicht vereinbar.

Mit der nicht-rückholbaren Endlagerung ist aber nicht nur für künftige, sondern auch – mit fortschreitender Unzugänglichkeit der Endlagerstätte – für gegenwärtige Generationen der Verlust der Handlungsfreiheit im Hinblick auf Maßnahmen zur Risikominimierung im Rahmen der Gefahrenabwehr und Schadensvorsorge verbunden.

Darüber hinaus steht die Entscheidung für die nicht-rückholbare Endlagerung angesichts ihrer grundlegenden Nicht-Revidierbarkeit in Spannung zur verfassungsrechtlich garantierten politischen Freiheit der BürgerInnen der Bundesrepublik, die durch ihre Wahlentscheidung nicht nur einen Wechsel der politischen Akteure, sondern auch der Sachalternativen durchsetzen können. Und sie steht im Widerspruch zum Demokratieprinzip des Grundgesetzes, das den Wechsel der Mehrheiten und damit der Sachalternativen voraussetzt und so grundsätzlich die Akzeptanzverpflichtung der Minderheit gegenüber den Mehrheitsentscheidungen begründet.

Mit einer Entscheidung für das Konzept der Nicht-Rückholbarkeit und seiner Umsetzung im Rahmen des Ein-Endlager-Konzepts, wie es zwischen den Regierungsparteien SPD und Bündnis 90/Die Grünen in der Koalitionsvereinbarung festgelegt worden ist, würden nicht revidierbare Fakten geschaffen. Der alternativen rückholbaren Endlagerung und damit einem neuen demokratischen Konsens in der Sachfrage würde auf Dauer eine Absage erteilt.

Im Vergleich zur nicht-rückholbaren Endlagerung ist die rückholbare Endlagerung fehlerfreundlich und ihr Risikopotenzial ist geringer. Die Möglichkeit zur Risikominimierung bleibt dauerhaft erhalten. Dem entspricht die Zugänglichkeit des Endlagers für einen langen – im Rahmen des politischen Willensbildungs- und Entscheidungsprozesses zu diskutierenden – Zeitraum. Eingriffe in das Natursystem sind im Grundsatz revidierbar und die Folgen rückholbarer Endlagerung beherrschbar. Künftige Generationen werden den möglichen konzeptionsspezifischen Schadensfolgen nicht ausgeliefert. Handlungsoptionen zur Risikominimierung bleiben auch gegenwärtigen Generationen – ebenso wie die politische Freiheit – erhalten. Das Demokratieprinzip bleibt unangetastet. Die notwendigen Sicherheits- und Überwachungsmaßnahmen lassen sich technisch realisieren. Der Kostenfaktor ist in der Hierarchie der Werte den Gesichtspunkten der Revidierbarkeit und Korrekturmöglichkeiten unterzuordnen.

Die Diskussion über die Zukunft der Atommüll-Endlagerung in der Bundesrepublik Deutschland ist im Hinblick auf die konzeptionelle Ausgestaltung der Endlagerung auf der gesellschaftlichen und parlamentarischen Ebene noch zu führen. Durch die vereinbarte Genehmigung der nicht-rückholbaren Endlagerung in Schacht Konrad im Rahmen des Atomkonsenses hat sich die Bundesregierung bereits festgelegt. Doch die Entscheidung über die konzeptionelle Ausgestaltung der Endlagerung ist Aufgabe des Bundestages und damit des politischen Prozesses der parlamentarischen Demokratie. Zwar bleibt auch die rückholbare Endlagerung angesichts des Katastrophenpotenzials der Abfälle und der mit ihr verbundenen Risiken nur das kleinere Übel. Gleichwohl bleiben bei dieser Form der Endlagerung Handlungsoptionen und damit die Handlungsfreiheit insbesondere künftiger Generationen als wesentliche Implikation auch ihrer unantastbaren Menschenwürde gewahrt.

Literaturverzeichnis

Abromeit, Heidrun, Mehrheitsprinzip und Föderalismus, in: Guggenberger, Bernd/Offe, Claus, An den Grenzen der Mehrheitsdemokratie, Politik und Soziologie der Mehrheitsregel, Opladen 1984

Altner, Günter, Naturvergessenheit, Grundlagen einer umfassenden Bioethik, Darmstadt 1991

Aristoteles, Nikomachische Ethik, hrsg. von Günter Bien, Meinersche Ausgabe, Hamburg 1985[4]

Arendt, Hannah, Macht und Gewalt, München 1996[12]

Babke, Hans-Georg, Bericht aus der Arbeitsgruppe 3: Ist Tugend lehrbar?, in: Fritzsche, Andreas/Kwiran, Manfred (Hrsg.), Ethos lernen – Ethos lehren, München 2001

Babke, Hans-Georg, Theologie in der Universität aus rechtlicher, theologischer und wissenschaftstheoretischer Perspektive, Dissertation, Frankfurt am Main; Berlin; Bern; Bruxelles; New York; Wien 2000

Bacon, Francis, Neues Organ der Wissenschaften, Darmstadt 1981, Nachdruck der Leipziger Ausgabe von 1830

Badura, Peter, Langzeitrisiko und Verfassung, in: Hendler, Reinhard/ Marburger, Peter/Reinhardt, Michael/Schröder, Meinhard (Hg.), Die Bewältigung von Langzeitrisiken im Umwelt- und Technikrecht, Band 43, Berlin 1998

Beyme von, Klaus, Der Gesetzgeber, Der Bundestag als Entscheidungszentrum, Opladen 1997

Böckenförde, Ernst-Wolfgang, Gesetz und gesetzgebende Gewalt, Von den Anfängen der deutschen Staatsrechtslehre bis zur Höhe des staatsrechtlichen Positivismus, Darmstadt 1981

Böhret, Carl/Jann, Werner/Junkers, Marie Therese/Kronenwett, Eva, Innenpolitik und politische Theorie, Opladen 1983[2]

Bosselmann, Klaus, Im Namen der Natur, Der Weg zum ökologischen Rechtsstaat, Bern, München, Wien 1992

Bubnoff von, Daniela, Der Schutz der künftigen Generationen im deutschen Umweltrecht, Leitbilder, Grundsätze und Instrumente eines dauerhaften Umweltschutzes, Dissertation, Berlin 2001

Dreier, Horst, Grundgesetz-Kommentar, Band II, Art. 20 – 82, Tübingen 1998
Dürig, Günter, Kommentar zu Art. 1 GG, in: Maunz/Dürig, Grundgesetz-Kommentar (37. Ergänzungslieferung), München 2000
Dürr, Hans-Peter, Das Netz des Physikers, Naturwissenschaftliche Erkenntnis in der Verantwortung, München, Wien 1988
Eberle, Carl-Eugen, Gesetzesvorbehalt und Parlamentsvorbehalt – Erkenntnisse und Folgerungen aus der jüngeren Verfassungsrechtsprechung – in: Die Öffentliche Verwaltung, Zeitschrift für öffentliches Recht und Verwaltungswissenschaft, 37. Jahrgang, Heft 12, Stuttgart 1984
Fraenkel, Ernst, Strukturanalyse der modernen Demokratie (1970), in: Ders. Reformismus und Pluralismus, Materialien zu einer ungeschriebenen politischen Autobiographie, Hamburg 1973
Guggenberger, Bernd, An den Grenzen der Mehrheitsdemokratie, in: Ders./Offe, Claus (Hg), An den Grenzen der Mehrheitsdemokratie, Politik und Soziologie der Mehrheitsregel, Opladen 1984
Gusy, Christoph, Das Mehrheitsprinzip im demokratischen Staat, in: Guggenberger, Bernd/Offe, Claus (Hg), An den Grenzen der Mehrheitsdemokratie, Politik und Soziologie der Mehrheitsregel, Opladen 1984
Helfen, Thomas, Die Kritik am Mehrheitsprinzip als Herausforderung der repräsentativen Demokratie, Dissertation, 2 Bände, Bonn 1992
Herzog, Roman, Die Verfassungsentscheidung für die Gewaltenteilung, Art. 20 GG, in: Maunz/Dürig, Grundgesetz-Kommentar, Loseblatt-Sammlung, Band II, Art. 12 – 21, September 1980
Heun, Werner, Das Mehrheitsprinzip in der Demokratie: Grundlagen – Struktur – Begrenzungen, Dissertation, Berlin 1983
Hubig, Christoph, Der klugheitsethische Ansatz, in: Fritzsche, Andreas/Kwiran, Manfred (Hrsg.), Ethos lernen – Ethos lehren, München 2001
Hubig, Christoph, Technik und Wissenschaftsethik, Ein Leitfaden, Berlin/Heidelberg 1995[2]
Hubig, Christoph, Technologische Kultur, Leipzig 1997
Hubig, Christoph, Verantwortung und Hochtechnologie, in: Bayertz, Kurt (Hg), Verantwortung: Prinzip oder Problem?, Darmstadt 1995
Hume, David, Eine Untersuchung über den menschlichen Geist, Stuttgart 1982[2]

Isensee, Josef, Podiumsdiskussion: Verantwortung für die künftigen Generationen: Wohltat oder Anmaßung?, in: Hendler, Reinhard/Marburger, Peter/Reinhardt, Michael/Schröder, Meinhard (Hg), Die Bewältigung von Langzeitrisiken im Umwelt- und Technikrecht, Band 43, Berlin 1998

Jarass/Pieroth, Kommentar zu Art. 20, Grundgesetz für die Bundesrepublik Deutschland, München 1995[3]

Jarass/Pieroth, Kommentar zu Art. 20 a, Grundgesetz für die Bundesrepublik Deutschland, München 1995[3]

Jonas, Hans, Das Prinzip Verantwortung, Versuch einer Ethik für die technologische Zivilisation, Frankfurt am Main 1988[7]

Jonas, Hans, Warum die Technik ein Gegenstand für die Ethik ist: Fünf Gründe, in: Lenk, Hans/Ropohl, Günter (Hg), Technik und Ethik, Stuttgart 1987

Kalinowski, Martin/Borcherding, Katrin/Bender, Wolfgang, Die Langfristlagerung hochradioaktiver Abfälle als Aufgabe ethischer Urteilsbildung (I), in: ETHICA, 7 (1999)

Kloepfer, Michael, Langzeitverantwortung im Umweltstaat, in: Kloepfer, Michael (Hg.), Langzeitverantwortung im Umweltstaat, Bonn 1993

Knebel, Jürgen, Gemeinwohl, in: Mickel, Wolfgang W. in Verbindung mit Zitzlaff, Dietrich (Hrsg.), Handlexikon zur Politikwissenschaft, Schriftenreihe der Bundeszentrale für politische Bildung, Band 237, München 1986

Kuhn, Thomas S., Die Struktur wissenschaftlicher Revolutionen, Frankfurt am Main 1978[3]

Leimbacher, Jörg, Die Rechte der Natur, in: Evangelische Theologie Heft 5-90, München 1990

Lenk, Hans/Maring, Matthias, Wer soll Verantwortung tragen? Probleme der Verantwortungsverteilung in komplexen (soziotechnischen-sozioökonomischen) Systemen, in: Bayertz, Kurt (Hg), Verantwortung: Prinzip oder Problem?, Darmstadt 1995

Lenssen, Nicholas, Nuclear Waste: The Problem That Won`t Go Away, Washington December 1991

Löw, Konrad, Grund- und Menschenrechte, in: Mickel, W. in Verbindung mit Zitzlaff, Dietrich (Hrsg.), Handlexikon zur Politikwissenschaft, Schriftenreihe der Bundeszentrale für politische Bildung, Band 237, München 1986

Maunz/Dürig, Grundgesetz-Kommentar, 37. Ergänzungslieferung, München 2000

Murswiek, Dietrich, Kommentar zu Art. 20 a Grundgesetz, in: Sachs, Michael (Hrsg.), Kommentar zum Grundgesetz, München 1996

Oberreuter, Heinrich, Mehrheiten und Minderheiten in der parlamentarischen Demokratie, in: Ders. (Hg.), Wahrheit statt Mehrheit?: An den Grenzen der parlamentarischen Demokratie, München 1986

Offe, Claus, Politische Legitimation durch Mehrheitsentscheidung?, in: Guggenberger, Bernd/Offe, Claus (Hg), An den Grenzen der Mehrheitsdemokratie, Politik und Soziologie der Mehrheitsregel, Opladen 1984

Petersen, Volkert, Art. 20 a GG in der Rechtspraxis – Staatsziel Umweltschutz – Chance oder Leerformel?, Vortrag vom 7.4.2000 vor der Arbeitsgemeinschaft für Verwaltungsrecht im Deutschen Anwaltverein – Landesgruppe Nordwestdeutschland -. Die Veröffentlichung im Jahrbuch des Umwelt- und Technikrechts ist für 2001 angekündigt.

Popper, Karl R., Objektive Erkenntnis, Hamburg 1974^{2}

Preuß, K. Ulrich, Die Zukunft: Müllhalde der Gegenwart?, in: Guggenberger, Bernd/Offe, Claus (Hg), An den Grenzen der Mehrheitsdemokratie, Politik und Soziologie der Mehrheitsregel, Opladen 1984

Prigogine, Ilya, Die Wiederentdeckung der Zeit, Naturwissenschaft in einer Welt begrenzter Vorhersagbarkeit, in: Dürr, Hans-Peter/Zimmerli, Walther Ch. (Hg), Geist und Natur, Über den Widerspruch zwischen naturwissenschaftlicher Erkenntnis und philosophischer Welterfahrung, Bern, München, Wien 1989

Ropohl, Günter, Neue Wege, die Technik zu verantworten, in: Lenk, Hans/Ropohl, Günter (Hg), Technik und Ethik, Stuttgart 1987

Sachs, Michael (Hrsg.), Kommentar zum Grundgesetz, München 1996

Schmidt-Bleibtreu/Klein, Kommentar zum Grundgesetz 1999^{9}

Scholz, Rupert, Kommentar zu Art. 20 a GG, in: Maunz/Dürig, Grundgesetz-Kommentar, Loseblatt-Sammlung Band II., Art. 12 – 21, Oktober 1996

Schulze-Fielitz, Helmuth, Kommentar zu Art. 20 GG, in: Dreier, Horst, Grundgesetz-Kommentar, Band II, Art. 20 – 82, Tübingen 1998

Schulze-Fielitz, Helmuth, Kommentar zu Art. 20 a GG, in: Dreier, Horst, Grundgesetz-Kommentar, Band II, Art. 20 – 82, Tübingen 1998

Seifert, Jürgen, Entscheidungen neuer Art und rationale Entscheidungsfindung im öffentlichen und demokratischen Verfahren, in: Vorgänge,

Zeitschrift für Bürgerrechte und Gesellschaftspolitik, Heft 5, München 1984
Spaemann, Robert, Technische Eingriffe in die Natur als Problem der politischen Ethik, in: Birnbacher, Dieter (Hg), Ökologie und Ethik, Stuttgart 1996
Staupe, Jürgen, Parlamentsvorbehalt und Delegationsbefugnis, Zur „Wesentlichkeitstheorie“ und zur Reichweite legislativer Regelungskompetenz, insbesondere im Schulrecht, Dissertation, Berlin 1986
Vollmer, Gerhard, Evolutionäre Erkenntnistheorie, Stuttgart 1994[6]
Wuchterl, Kurt, Lehrbuch der Philosophie, Probleme – Grundbegriffe – Einsichten, Bern; Stuttgart 1992[4]
Zimmerli, Walther Ch., Einmischungen, Die sanfte Macht der Philosophie, Darmstadt 1993
Zimmerli, Walter Ch., Technik als Natur des westlichen Geistes, in: Dürr, Hans-Peter/Zimmerli, Walther Ch. (Hg), Geist und Natur, Über den Widerspruch zwischen naturwissenschaftlicher Erkenntnis und philosophischer Welterfahrung, Bern, München, Wien 1989
Zimmerli, Walther Ch., Wandelt sich die Verantwortung mit technischem Wandel, in: Lenk, Hans/Ropohl, Günter (Hg), Technik und Ethik, Stuttgart 1987

Sonstige Materialien

Beck-Texte Umweltrecht 2001
Bundesamt für Strahlenschutz (BfS), Plan Endlager für radioaktive Abfälle, Kurzfassung Stand 9/86 in der Fassung 4/90 Schachtanlage Konrad in Salzgitter, Salzgitter 1990
Bundesamt für Strahlenschutz (BfS), Radiologische Folgen des Tschernobyl-Unfalls 1986 – Vorlagen-Sammlung für Transparentfolien -, Salzgitter 1996
Bundesamt für Strahlenschutz (BfS), Schreiben an die Verfasserin vom 30.3.2001
Bundesverfassungsgericht: BVerfGE 49. Band, Tübingen 1979
Bundesverfassungsgericht: BVerfGE 81. Band, Tübingen 1990
Bundesverfassungsgericht: BVerfGE 84. Band, Tübingen 1992
Bundesverwaltungsgericht: BVerwGE, Band 109, Köln 2000

Bundesminister für Umwelt, Naturschutz und Reaktorsicherheit, Schreiben an die Verfasserin vom 26.8.1998
Bundesminister für Umwelt, Naturschutz und Reaktorsicherheit (Hg), Umweltpolitik, Bericht der Bundesregierung an den Deutschen Bundestag zur Entsorgung der Kernkraftwerke und anderer kerntechnischer Einrichtungen, Deutscher Bundestag (11. Wahlperiode) Drucksache 11/1632 vom 13.1.1988
Bundesminister für Umwelt, Naturschutz und Reaktorsicherheit, „Untersuchung der Rahmenbedingungen des nationalen und internationalen Rechts für die Energiekonsensgespräche, insbesondere zur nachträglichen gesetzlichen Befristung von Betriebsgenehmigungen, zum gesetzlichen Verbot der Wiederaufarbeitung, zum Stopp der Endlagererkundung für das Endlager in Gorleben sowie den Abschluss des Planfeststellungsverfahrens für das Endlager Konrad einschließlich der Auswirkungen auf die gezahlten Vorausleistungen der Energieversorgungsunternehmen“ vom 22.8.1999 – RS I 1 – 40105/1.3 –
Bundesminister für Umwelt, Naturschutz und Reaktorsicherheit, Weisung vom 2.4.1992 – RS III 1-14842/5 -
Deutscher Bundestag (8. Wahlperiode), Bericht der Enquête-Kommission „Zukünftige Kernenergie-Politik“ über den Stand der Arbeit und die Ergebnisse gemäß Beschluß des Deutschen Bundestages (Drucksache 8/2628), Drucksache 8/4341 vom 27.6.1980
European Commission, nuclear science and technology, Concerted action on the retrievability of long-lived radioactive waste in deep underground repositories, Final report, EUR 19145 EN, Luxembourg 2000
Gesellschaft für Anlagen- und Reaktorsicherheit (GRS) mbH, d^3f – Ein Programmpaket zur Modellierung von Dichteströmungen, Abschlussbericht, GRS – 139, Köln 1999
Gesellschaft für Anlagen- und Reaktorsicherheit (GRS) mbH, Validierung von Einzeleffekten in Grundwassermodellen, GRS – 150, Köln 2000
Gronemeyer + Partner Consulting GmbH, Eine Gesellschaft des TÜV Norddeutschland e.V., Prüfung und Bewertung der vom Niedersächsischen Umweltministerium ausgelegten Antragsunterlagen des Bundesamtes für Strahlenschutz (BfS) auf Errichtung und Betrieb der Schachtanlage Konrad, Kiel 1991
Gruppe Ökologie, Analyse der Entsorgungssituation in der Bundesrepublik Deutschland und Ableitung von Handlungsoptionen unter der

Prämisse des Ausstiegs aus der Atomenergie, erstellt im Auftrag der Heinrich Böll Stiftung in Berlin, Hannover 1998
Gruppe Ökologie, Gesellschaft für ökologische Forschung und Beratung mbH, Gutachterliche Stellungnahme zum „Plan Endlager für radioaktive Abfälle Schachtanlage Konrad, Salzgitter" des Bundesamtes für Strahlenschutz, Hannover 1991
Gruppe Ökologie, Hannover, Rundbrief Nr. 41, Dezember 2000
intac Beratung, Konzepte, Gutachten zu Technik und Umwelt (GmbH), Auswertung von Veränderungen des fachwissenschaftlichen Standes ausgewählter Themen im Planfeststellungsverfahren zum geplanten Endlager Konrad seit Beginn des Erörterungstermines im September 1992, Hannover 1995
Niedersächsisches Umweltministerium (Hrsg.), Endlager-Hearing Braunschweig vom 21. – 23. September 1993, Tagungsband II, Hannover 1994
Niedersächsisches Umweltministerium (Hrsg.), Planfeststellungsverfahren für die Errichtung und den Betrieb der Schachtanlage Konrad als Endlager für radioaktive Abfälle, Erörterungstermin vom 25.9.1992 bis 6.3.1993 in Salzgitter-Lebenstedt und Vechelde-Wedtlenstedt, Wortprotokoll:
Band 1, 8. Verhandlungstag, S. 1 – 43
Band 1, 9. Verhandlungstag, S. 1 – 45
Band 2, 12. Verhandlungstag, S. 1 – 55
Band 2, 14. Verhandlungstag, S. 1 – 81
Band 2, 16. Verhandlungstag, S. 1 – 35
Band 3, 25. Verhandlungstag, S. 1 – 25
Band 3, 27. Verhandlungstag, S. 1 - 60
Niedersächsisches Umweltministerium, Presse-Information Nr. 175/94 vom 19.10.1994
Niedersächsisches Umweltministerium, Presse-Information Nr. 97/94 vom 16.5.1994
Niedersächsisches Umweltministerium, Schreiben an die Arbeitsgemeinschaft Schacht Konrad e.V., Braunschweig, vom 28.11.2000
Niedersächsisches Umweltministerium, Schreiben an die Verfasserin vom 29.3.2001
Niedersächsisches Umweltministerium (Hrsg.), Was Sie schon immer über Konrad wissen wollten, Hannover 1992
Salzgitter-Zeitung vom 21.1.1995

Salzgitter-Zeitung vom 15.9.1997
Salzgitter-Zeitung vom 24.11.1998
Salzgitter-Zeitung vom 29.1., 11.2., 5. und 11.10.1999
Salzgitter-Zeitung vom 18.7.2000

Anhang

Bundesministerium für Umwelt, Naturschutz und Reaktorsicherheit

Geschäftszeichen (bei Antwort bitte angeben)

RS III 6 (B) - 07023/II

Bundesministerium für Umwelt, Naturschutz und Reaktorsicherheit
Postfach 12 06 29, 53048 Bonn

Bonn, 26. August 1998
Telefon (0228) 305-2951
oder (030) 28550-2951
Telefax (0228) 305-2899
Dienstgebäude:*
Husarenstraße 30

Frau
Christa Garms-Babke
Hirtenweg 108 A

38259 Salzgitter

Entsorgungskonzept der Bundesregierung

Ihr Schreiben vom 06. August 1998

Sehr geehrte Frau Garms-Babke!

In Ihrem Schreiben an den Bundesminister des Innern, das mir zugleitet wurde, teilen Sie mir Ihr Interesse an der Frage mit, „ob das Parlament im Entscheidungsprozeß mit dem Konzept der Nicht-Rückholbarkeit befaßt, Konzeptalternativen im Parlament diskutiert und über das Konzept abgestimmt wurde, denn im Atomgesetz sei die Endlagerung als nicht-rückholbare nicht expliziert worden."

Sie interessiert ferner ggfs. die Frage, „in welcher Form, in welchen Gremien, ob unter Hinzuziehung von Sachverständigen und mit welchem Abstimmungsergebnis" das Parlament mit der Thematik befaßt wurde.

Es trifft zu, daß im Atomgesetz nicht geregelt ist, wie die Endlagerung im einzelnen durchzuführen ist. Allerdings regelt § 9 b (Planfeststellungsverfahren) des Atomgesetzes (AtG), daß u.a. die Errichtung und der Betrieb von Endlagern der Planfeststellung bedürfen. Die Planfeststellung liegt bei der zuständigen Behörde, d.h. daß das Parlament bei der Verabschiedung des Atomgesetzes die Ausgestaltung der Endlagerung im einzelnen dem Vollzug des Atomgesetzes durch die zuständige

...

Lieferanschrift: Ahrstraße 20, 53175 Bonn
* Erreichbar mit Buslinie 638 - Haltestelle Augustinum -, Straßenbahnlinie 61 - Haltestelle Finanzministerium -
Zentrale für ☎ (0228) 305-0 u. (030) 28550-0 • Telefax: (0228) 305-3225 • Telex: 8 857 90 • Teletex: 228 38 54

Behörde im Rahmen der Voraussetzungen für die Erteilung eines Planfeststellungsbeschlusses und der Vorgaben des für den recht- und zweckmäßigen Vollzugs des AtG zuständigen Bundesministeriums überlassen hat. Insoweit bedurfte und bedarf es keiner weiteren Entscheidung des Parlaments dafür, daß beispielsweise in den Sicherheitskriterien für die Endlagerung radioaktiver Abfälle in einem Bergwerk die Endlagerung radioaktiver Abfälle als wartungsfreie, zeitlich unbefristete und sichere Beseitigung dieser Abfälle unter Einsatz von Verfahren und Methoden definiert hat, bei denen eine Rückholbarkeit der Abfälle nicht erforderlich ist.

Zur Beantwortung Ihrer Frage, obgleich wohl zu diesem Thema das Parlament befaßt war (z.B. im Rahmen parlamentarischer Anfragen etc.) habe ich Ihr Schreiben an den wissenschaftlichen Dienst des Deutschen Bundestages weitergeleitet.

Im Auftrage
Mit freundlichen Grüßen

Dr. Bloser

Danksagung

Die vorstehende Untersuchung wurde im Sommersemester 2001 von der Gemeinsamen Fakultät für Geistes- und Sozialwissenschaften der Universität Hannover angenommen. Für die Drucklegung wurde sie punktuell überarbeitet. Der Titel wurde gekürzt.

Die Untersuchung ist im Zeitraum 1999 bis 2001 entstanden. Sie wurde angeregt von Professor Dr. Jürgen Seifert und Professorin Dr. Gudrun Axeli Knapp. Als Erstgutachter hat Professor Seifert die Untersuchung begleitet. Die Gespräche mit ihm waren mutmachend und weiterführend. Ihm gilt mein ganz besonderer Dank. Professor Dr. Joachim Perels war so freundlich, das Zweitgutachten zu übernehmen, und Professorin Dr. Gudrun Axeli Knapp den Prüfungsvorsitz im mündlichen Prüfungsteil. Beiden danke ich ganz herzlich.

Wichtig ist es mir auch, an dieser Stelle meinem Mann, Pfarrer Dr. Hans-Georg Babke, für seine konstruktiv-kritischen Anregungen, das Korrekturlesen und die Übernahme eines zusätzlichen Anteils an der Familienarbeit zu danken und meinen Kindern Susanne, Tim und Jonas für die Zeit geduldigen Wartens.

Christoph Schalast

Umweltschutz und Wettbewerb als Wertwiderspruch im deregulierten deutschen und europäischen Elektrizitätsmarkt

Frankfurt/M., Berlin, Bern, Bruxelles, New York, Oxford, Wien, 2001. XVIII, 279 S.
Schriften zum Europa- und Völkerrecht und zur Rechtsvergleichung.
Herausgegeben von Manfred Zuleeg. Bd. 5
ISBN 3-631-38029-1 · br. € 45.50*

Ziel der Untersuchung ist es, 4 Jahre nach Verabschiedung der Elektrizitätsbinnenmarktrichtlinie und 2 Jahre nach Inkrafttreten des EnWG nachzuweisen, dass sowohl der europäische wie auch der nationale Gesetzgeber einen Vorrang- und Wertkonflikt zwischen den Zielen „Umweltschutz" und „Wettbewerb" in der Elektrizitätsversorgung zwar gesehen aber nicht gelöst haben. Beide, der nationale und der europäische Gesetzgeber sind insoweit ihren selbst formulierten Ansprüchen an eine moderne Gesetzgebung nicht gerecht geworden. Dies führt dazu, dass sich bereits jetzt Konflikte in der Verwaltungs- und Rechtspraxis zwischen den widerstreitenden Zielen der Energieversorgung zeigen. Größtes Problem ist dabei – nach Auffassung des Verfassers – die erhebliche Rechtsunsicherheit im Rahmen von Durchleitungsbegehren, die gerade in einem Wirtschaftsbereich mit hohem Kapitalbedarf und langfristigen Investitionsentscheidungen als kontraproduktiv eingeschätzt werden muss.

Aus dem Inhalt: Struktur der Elektrizitätswirtschaft in Deutschland und Europa · Der Wertwiderspruch zwischen Umweltschutz und Wettbewerb im deutschen Energierecht und im Europäischen Recht · Fortdauernde Auswirkungen des ungelösten Wertwiderspruchs zwischen Wettbewerb und Umweltschutz · Lösungskonzepte in einem deregulierten Elektrizitätsmarkt · Thesen

FSC
www.fsc.org
MIX
Papier | Fördert gute Waldnutzung
FSC® C083411

Kolibri 360 GmbH
Ferdinand-Jühlke-Straße 7
99095 Erfurt, Deutschland
produktsicherheit@kolibri360.de

Druck:
CPI Druckdienstleistungen GmbH
im Auftrag der
Kolibri 360 GmbH
Ferdinand-Jühlke-Str. 7
99095 Erfurt